김팀장은
왜 나한테만
까칠할까

김팀장은 왜 나한테만 까칠할까

회사에서 통하는 사람 공부

윤태익 지음

더난출판

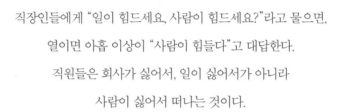

직장인들에게 "일이 힘드세요, 사람이 힘드세요?"라고 물으면,

열이면 아홉 이상이 "사람이 힘들다"고 대답한다.

직원들은 회사가 싫어서, 일이 싫어서가 아니라

사람이 싫어서 떠나는 것이다.

차 례

서문

회사에는
9가지 성격이 산다

Part 1. 나와 너를 아는 사람 공부

Part 2.

상사, 부하, 고객
내 편 만들기

타고난 성향을
빛나게 하라

Part 3.

**일이 힘든가,
사람이 힘든가?**

직장인들에게 "일이 힘드세요, 사람이 힘드세요?"라고 물으면,
열이면 아홉 이상이 "사람이 힘들다"고 대답한다. 또 잘 다니던
회사를 떠나는 사람들에게 그 이유를 물어보면 많은 사람들이 일
은 어디나 비슷하지만 '상사와의 갈등'이 도무지 견딜 수가 없다
고 답한다. 직원들은 회사가 싫어서 떠나는 것이 아니라 상사가
싫어서, 다시 말해 사람이 싫어서 떠나는 것이다.

　"왜 사람이 더 힘들다고 할까?" 그것은 바로 사람들이 내 맘 같
지 않기 때문이다. 다른 사람들은 나처럼 생각하고 느끼고 행동

하지 않는다. 그런데도 우리는 무의식중에 '나처럼 사고하고 느끼고 행동할 것'이라는 기대감을 갖고 있다. 나와 다르게 생각하고 행동하는 사람을 보면 "아니, 어떻게 저럴 수가 있지?" "그게 말이 돼?" 하면서 갈등과 어려움을 겪는다. 직장 내의 다양한 갈등은 결국 사람이 서로 '다르다'는 사실을 인정하지 않는 데서 비롯된다.

또한 사람과의 관계 속에서 발생하는 갈등에 대해서도 어쩔 수 없는 것이라 여겨왔다. 그저 참고 또 참는 것이 미덕이라 배워왔다. 사람의 '다름'에 대한 이치를 어디서도 배운 바가 없기 때문이다. 생각해보라. 우리가 그동안 사람에 대한 공부를 얼마나 어떻게 해왔는지.

이 책은 바로 일보다 사람이 더 힘들다고 이야기하는 직장인들을 위한 '사람 공부'에 관한 내용을 담고 있다. 직장인이라면 누구나 '리모컨을 들고 버튼만 누르면 원하는 채널로 바뀌듯, 상사나 부하 직원을 내가 원하는 대로 움직일 수만 있다면 얼마나 좋을까?'라는 생각을 한 번쯤 해보았을 것이다.

불가능할까? 아니다. 나와 상대가 어떻게 다른지를 정확히 알면 가능하다. 앞으로 여러분은 사람의 성격 유형에 대해 살펴볼 것이다. 나와 상대의 성격 유형을 알면 '사람의 마음을 읽을 수 있는 나만의 비법'이 생기게 된다. 상사든 부하든 내가 원하는 대로 컨트롤할 수 있는 능력을 얻게 될 것이다. 마치 손 안의 리모컨처럼.

상대와 대화를 하거나 행동을 보면서 그 사람의 성격을 어느 정도 파악할 수는 있지만, 사람마다 다른 내재적 성격을 파악하기는 쉽지 않다. 우리는 많은 부분 '가면'을 쓰고 살면서 그 가면을 자기인 양 착각하고, 또 상대의 가면을 그 사람의 모습이라고 생각하면서 살아가기 때문이다. 그 결과, 우리는 자신뿐만 아니라 상대의 장단점을 제대로 파악하지도 못한 채 시간과 에너지를 소모하면서 힘든 인생을 살아가고 있다. 가면 속에 감춰진 자신의 진정한 모습을 찾는 것은 우리 인생에서 가장 중요한 일이다. 아울러 가면을 벗은 상대의 모습을 발견할 때 비로소 나만의 리모컨을 제대로 작동할 수 있을 것이다. 여러분은 이 책을 통해 자신은 물론 상사, 동료, 부하, 고객들의 겉모습 뒤에 감춰진 다양한 속마음을 보게 될 것이다.

인간의 행동이 다양성으로 인해 종잡을 수 없는 것처럼 보여도 사실은 아주 질서정연하고 일관된 경향이 있다. 성격 유형별로 일하는 습관이나 인간관계 스타일, 의사결정 패턴이 일정하다는 것이다. 그 패턴을 간파하면 상사든 부하든 내가 원하는 대로 컨트롤할 수 있게 된다.

이 책이 여러분의 인생에 좋은 길잡이가 되리라 확신한다. 내가 누구인지 알면 자신의 강점은 극대화하고 약점은 다스릴 수 있고, 상대가 누구인지 알면 그 성격에 맞춰 효과적으로 대응할 수 있다. 그리고 서로의 강점을 모아 시너지를 발휘해서 더 나은 성과를 낼 수도 있다.

여러분은 이제부터 자신을 찾아가는 '성격 여행'을 시작하게 될 것이다. 이 여행의 끝에 이르면 그간 알지 못했던 '나'와 '상대'의 진면목을 발견하게 될 것이다. 나 자신은 물론 직장 상사와 부하 직원이 왜 그렇게 생각했고, 행동했고, 반응했는지 속마음을 속속들이 알게 될 것이다. 속마음을 안다는 것은 성격의 비밀을 파악했다는 것이고, 그에 따른 적절한 대응법을 찾았다는 의미이기도 하다. 이 책은 그동안 여러분이 성격의 다름을 몰라 애간장 태우며 속 끓이던 문제들을 하나씩 진단해주고, 그 문제들을 해결할 수 있도록 도와줄 것이다. 한 번 읽고 책꽂이에 꽂아두기보다는 가까운 곳에 두고 상사에게 결재 받으러 가기 전이나 부하에게 동기를 부여하고 싶을 때, 고객을 대하기 전에 한 번씩 꺼내 보기 바란다. 상대의 마음을 사로잡을 수 있는 수많은 비결들이 여러분을 반가이 맞아줄 것이다.

부디 이 책이 여러분 자신과 다른 사람들의 타고난 기질과 재능을 발견하여 성공과 행복의 길을 찾는 데 큰 도움이 되었으면 하는 바람이다.

큰날개 **윤태익**

회사에는 9가지 성격이 산다

당신은
어떤 악기를
선택할 것인가?

누구나 한 번쯤 오케스트라 연주를 들어본 적이 있을 것이다. 오케스트라 단원들은 각자 다른 악기로 연주하지만 하모니를 이룬다. 단원 모두가 전체의 흐름을 이해하고 있기 때문에 아름다운 화음을 낼 수 있는 것이다.

피터 드러커는 "오케스트라의 지휘자가 되려면 다른 악기도 알아야 한다"고 말했다. 이는 전문가로서 어느 정도 경지에 도달하면 영역을 확장하여 '제너럴리스트'가 되어야 한다는 말이다. 여기서 말하는 제너럴리스트는 전문성이 전혀 없는 관리자가 아니라, 자기 고유의 핵심역량을 갖고 있으면서도 관리 능력과 리더십을 겸비한 사람을 의미한다. 진정한 제너럴리스트는 스페셜리스트를 거쳐야만 될 수 있다.

조직도 마찬가지다. 조직은 다양한 개성과 장점을 가진 사람들이 모여서 일하는 곳으로, 서로의 장점을 극대화시키고 단점은 최소화하면서 효율적인 업무가 이루어져야 한다. 오케스트라 단원처럼 서로의 악기가 지닌 개성과 장점을 충분히 이해하고 자신에게 맞는 악기를 선택하여 아름다운 선율을 연주할 때, 그 속에서 아름다운 하모니를 발견할 수 있다.

그러나 실상은 서로의 개성과 장점이 충분히 이해되기는커녕, 상명하달식의 명령 체계나 서로 맞지 않는 업무 방식, 커뮤니케이션 부족 등으로 많은 갈등이 존재한다.

요즘 젊은 세대들은 인터넷 문화의 발달에 힘입어 자발적 참여와 자기 의사 피력에 훨씬 주체적이다. 이들을 대할 때는 과거와 같은 무조건적인 지시나 통제가 아니라 개개인의 성격과 다양성에 대한 인식이 필요하다. 이제는 일보다 사람이 힘든 세상이 된 것이다. 하지만 다들 자신의 장단점은 물론, 상대의 장단점이 무엇인지 제대로 파악하는 데 별다른 노력을 기울이지 않는다.

왜 그럴까? 그들은 학창 시절부터 부모나 선생님에게서 열심히 공부해야 성공한다는 말은 많이 들어왔다. 그러나 자신이 누구인지, 무엇을 하고 싶은지, 자신의 강점과 약점은 무엇인지, 자신의 성격에 맞는 직장과 직업은 어떻게 선택해야 하는지에 대한 교육은 제대로 받지 못했다. 그것이 가장 근본적인 이유다.

그러므로 '내가 누구인지', 또 늘 함께하는 '상대가 누구인지' 정확히 알지 못한다. 그 결과 어떻게 자신을 찾고 나답게 살 수 있는지에 대한 구체적인 준비 없이 직장과 직업을 선택하고 뒤늦게 후회하는 경우가 많다. 이는 개인적으로나 기업·국가적으로나 엄청난 시간 낭비이자 에너지 손실이다.

> **우리는 '나'에 대해 얼마나 알고 있는가?**
> 내 타고난 성격의 강점과 약점은 무엇인가?
> 나와 함께 있는 저 사람 성격의 강점과 약점은 무엇인가?
> 나는 무엇을 하면서 살기를 원하는가?
> 나와 함께 있는 저 사람은 무슨 생각을 하면서 살아가고 있는가?

누구나 한 번쯤 이런 질문을 해보았을 것이다.

그렇다면 당신은 이 질문에 대한 확실한 답을 가지고 있는가? 혹시 '어렵다, 그냥 열심히 사는 거지 뭐'라고 자신을 위로하며 애써 회피하지는 않았는가? 사실 대부분의 사람들이 그동안 이렇게 살아왔을 것이다. 이제부터라도 확실하게 나와 상대에 대해 알아보자.

이 책에서는 성공을 이루는 3단계 전략으로 '지기지피知己知彼 – 역지사지易地思之 – 조화상생調和相生'을 제시하고자 한다. '지피지기면 백전백승'이란 말이 있다. 남을 알고 나를 알면 무엇이든 이룰 수 있다는 뜻이다. 그러나 이제는 시대가 바뀌었다. 다른 사람을 분별하기 전에 '나'를 먼저 알아야 한다. 나를 모르면 남을 알아봤자 소용이 없다. 그래서 지금은 '지피지기'가 아니라 '지기

지피', 즉 나를 먼저 아는 것이 필요한 시대다. 그런 후 상대를 알고, 나와 상대의 입장을 바꿔보고 그것을 통해 상호 간의 이해와 조화를 꾀하는 것이 성공을 위한 필수 과정이다.

우리는 모두 다르다
: '9가지 유형'의 다른 사람들이 한곳에서 살고 있다

우리 인생에서 일어나는 갈등과 문제는 대부분 관계의 문제에서 비롯된다. 내 주변에는 왜 그렇게도 '성격'이 이상한 사람들만 모여 있을까, 하며 속상해한 경험이 누구나 있을 것이다. 특히 직장인들은 이해할 수 없는 상사나 부하 직원 때문에 속을 끓이다 자리를 박차고 나가고 싶었던 적이 한두 번이 아니었을 것이다. 그러나 정작 알고 보면 이는 각자 성격 유형이 근본적으로 다르다는 것을 모르는 데서 빚어지는 일이다.

우리는 종종 '내 의견이 맞으니 저 사람도 나와 같은 의견일 거야'라는 착각 때문에 본의 아니게 가까운 사람에게 상처를 주기도 하고, 직장에서 만족할 만한 합의점에 도달하지 못해 회사를 그만두거나 유능한 인재를 결국 그만두게 만들기도 한다.

이제 본격적으로 '사람'에 대해 이야기해보자. 열 길 물속보다도 깊은 '사람 속'을 한 길 두 길 밟아 나가보자.

결론부터 말하면 사람은 '9가지 유형'으로 구분할 수 있다. 즉

모든 사람은 9가지 유형 중 하나에 속한다. 9가지 유형의 사람이 각자 다른 생각과 방식으로 말과 행동을 하면서 살아가고 있다. 그러므로 '열 길 물속은 알아도 한 길 사람 속'을 알기란 쉽지 않은 것이다. 그동안 당신은 한 방향만을 뚫어져라 쳐다보면서 그 속을 알아보려고 무진 애를 썼을 것이다.

그러나 이 책에 소개되는 9가지 유형만 알면 세상 사람을 다 알게 되는 특권을 갖게 되는 놀라운 일이 벌어진다. 물론 생각처럼 만만한 일은 결코 아니다. 또한 그간 전혀 알지 못했던 부분에 대해 알게 되면서 놀랄 일도 많을 것이다. 9가지 다른 유형의 사람들이 뭉쳐 서로 지지고 볶으며 얼마나 많은 갈등과 오해와 착각을 빚어내고 있는지 알 수 있을 것이다.

성격의 '다름'을 알지 못할 때는 나와 성격이 다른 사람은 '성격이 이상한 사람'이 될 수밖에 없다. 자신과 의견이 다른 사람에 대해 이야기할 때를 떠올려보자. "성격이 남달라. 내가 미처 생각하지 못한 부분까지 꿰뚫고 있고 아주 개성이 강해"라고 말하는 대신 "거 참 이상한 인간이네"라고 딱 잘라 말하지는 않는가?

하지만 사람은 '틀린' 게 아니라 서로 '다른' 것이다. 그럼 도대체 무엇이 그토록 다른 것일까? 그것은 다름 아닌 '성격'이다. 결국 인간관계의 모든 갈등은 성격의 '다름'을 잘 모르는 데서 비롯된다. '다름'을 서로 몰라 직장 동료 간의 다툼으로, 더 크게는 조직 내부의 커뮤니케이션 부재로 이어지는 것이다. 우리 사회에 대화와 타협의 문화가 성숙하게 자리 잡지 못한 이유 역시 서로의 '다름'을 모르거나 인정하지 않기 때문이다.

내가 아는 '나'는 진짜 나일까?

: 스스로에 대한 착각이 불행을 만든다

나 또한 이런 사실을 처음 알았을 때, 적잖은 충격을 받았다. 그래서 이것이야말로 내 남은 생을 걸고 모두에게 전해야 할 사명이라고 확신했다.

그리고 주변 사람들에게 이 사실을 먼저 알리기 위해 나섰다. 가장 먼저 직원들에게 내 유형이 무엇인지와 그 유형대로 살아온 과거의 이야기들을 털어놓았다. 또 그들을 대상으로 자신의 성격 유형을 찾는 워크숍도 열었다.

물론 쉽지만은 않은 일이었다. 몇 달을 고심하고 또 고심해야 했다. 그랬음에도 반응은 영 냉랭하기만 했다. "사람 성격이 고작 9가지밖에 없다고?" "그런 건 알아서 뭐하려고?" "이게 일하고 무슨 상관인데?" 이상할 것도 없었다. 애써 감춰왔던 속내를 드러내는 일이니 말이다.

그래서 나는 이 상황을 타개하기 위해 스스로 도마에 오르기로 결심했다. 절대 아무 불이익도 주지 않을 테니 나에 대한 평가를 이메일로 제출해달라고 지시했다. 최대한 솔직하게 써달라는 신신당부를 덧붙여서.

이미 각오는 단단히 해둔 터였지만, 막상 뚜껑을 열어보니 숨이 턱 막혀왔다. 너무 적나라하고 신랄한 비판에 직원들 눈을 쳐다보기가 힘들 정도였다. 게다가 내 의도에 대한 오해와 부당해보이는 지적들도 많았다. 나중엔 슬슬 부아가 치밀었다. '아무리 그래도 그렇지, 어떻게 상사에게 이렇게 무례한 표현을 쓸 수가 있지?' 그 글을 쓴 직원들이 미워지고, 밥도 제대로 못 먹고 잠도 오지 않을 지경이었다. 며칠 동안 회사에도 못 갈 정도로 심한 몸살을 앓기도 했다.

그러나 그렇게 힘든 홍역을 치른 뒤에야 비로소 깨달음이 찾아왔다. 그동안 내가 겪었던 수많은 고통과 갈등은 결국 '내가 보는 나'와 '남이 보는 나'의 차이에서 비롯된 것이었다. 내가 알고 있다고 착각한 '나'는 결국 진짜 내가 아니었던 것이다. 그런 착각이 모든 불행을 불러온 것이었다.

나는 그렇게 평온해진 마음으로 그동안의 심경을 담담하게 털어놓았다. 그러자 모두들 마음을 열기 시작했고, 어느덧 자신의 속내를 스스럼없이 털어놓을 수 있는 분위기가 무르익어갔다. 그리고 서로의 타고난 성격 유형과 그에 따른 무의식적인 습관 등을 이해하면서 오해와 갈등도 차츰 사라져갔다. 이 모든 것은 남뿐 아니라 자신에 대해서도 잘못 알거나 모르고 있던 부분들을 알게 된 덕분이었다.

우리는 대개 '내 마음은 내가 제일 잘 안다'는 착각 속에 살아가고 있다. 하지만 그러면서 제 머리를 깎을 수 있는 중은 별로 없다. 남들을 평가할 때는 더 날카로울 수 없을 만큼 날카로운 판단력을 자랑하는 사람도 정작 스스로를 돌아보는 데는 너무나 미숙하다. 자신의 강점과 약점에 대해 물어보면 막막해하거나 알면서도 모른 체한다.

문제는 거기서 시작된다. '내가 보는 나'와 '남이 보는 나'의 간극이 커질수록 자신에 대한 만족도뿐 아니라 인생 전반에 대한 만족도도 떨어질 수밖에 없다. 아무리 특출한 재능이 있다 한들, 혼자서는 결코 성공과 행복을 보장받을 수 없기 때문이다.

그러나 이 책에서 소개하는 9가지 유형에 대해 공부하다 보면, 스스로 모르고 있던 의외의 '내 모습'을 속속들이 발견할 수 있을 것이다. 그리고 혼자만의 '착각의 늪'에서 벗어나 자신의 성격과 재능을 좀 더 명확히 파악할 수 있을 것이다.

내 에너지의 중심은 어디인가?
: 성격을 알면 일하는 게 즐거워진다

그렇다면 어떻게 '나'의 성격 유형을 찾을 수 있을까? 그것은 바로 자신만의 고유한 에너지 중심을 찾는 것이다. 에너지 중심이란 평상시 자신의 사고, 감정, 행동에 있어 근원이 되는 지점을 말한다.

그 에너지의 중심에 따라 우리는 다양한 성격의 차이를 확인할 수 있다. 성격이 다르다는 것은 기본적으로 자신만의 힘(에너지)을 사용하는 방법의 차이라고 할 수 있다. 성격을 찾아간다는 것은 곧 내 안의 가능성과 경쟁력을 가동할 수 있는 원천을 찾아가는 과정이기도 하다.

에너지의 중심을 '기질'이라고도 하는데, 기질에 따라 가치관,

행동방식, 말하는 방식, 직업과 성공 스타일, 인간관계를 맺는 방법, 기업 경영과 조직 운영 스타일, 리더십 스타일이 완전히 다르게 나타난다.

에너지를 사용하는 종류와 방식에 따라 머리의 지식 에너지를 주로 쓰는 '머리형', 가슴의 감정 에너지를 주로 쓰는 '가슴형', 그리고 아랫배 부근의 힘 에너지를 주로 사용하는 '장형'으로 나눌 수 있다.

이렇게 나뉜 3가지 유형에 따라 성격과 적성, 진로의 차이가 생기고, 인간관계 또한 다르게 나타난다. 이 3가지 유형은 다시 각각 3가지 유형으로 나뉘어 모두 9가지 유형으로 구분된다. 먼저 자신의 중심 에너지가 머리형인지, 가슴형인지, 장형인지부터 파악해야 한다. 이는 자신을 찾아가는 첫 번째 관문이다. 동쪽 문으로 들어가야 할지, 서쪽 문으로 들어가야 할지, 남쪽 문으로 들어가야 할지부터 정확히 파악해야 한다는 얘기다. 초장부터 헛다리를 짚으면 주야장천 헤매다 끝나게 될 테니, 그럴 땐 다 잊어버리고 처음부터 다시 시작하기 바란다.

이제부터 당신은 왜 그동안 자신이 그렇게 행동했는지, 왜 다른 사람을 이해하지 못했는지, 왜 다른 사람이 당신을 이해하지 못했는지 알게 될 것이다.

이 책을
읽기 전에

이렇듯 성격 유형에 대한 탐구는 자신의 내면, 습관, 행동 패턴 등에 대한 깊은 성찰을 가능하게 한다. 그러다 보면 주변 사람들의 말과 행동 또한 예상할 수 있게 된다.

하지만 관찰과 심사숙고가 부족한 상태에서 섣불리 판단하는 것은 금물, 약효는 하나도 못 보고 심각한 부작용만 잔뜩 떠안게 될 수가 있다. 각 유형에 따른 성격은 '인품'과는 엄연히 다르다. 장점을 어떻게 개발하고 단점을 어떻게 보완할 것인지가 그 사람의 '인품'인 것이다.

따라서 본격적인 본론에 들어가기 전에, 이 책 사용의 '나쁜 예'를 몇 가지만 짚고 넘어가보자.

나쁜 예 1. 도매금 취급하기

혈액형도 그렇고 별자리도 마찬가지지만, 한 가지 분류 기준만 가지고 주변 사람들을 그 틀에 맞춰 재단하고 단정하는 사람이 의외로 많다. 그들에게는 남의 장점보다 단점이 훨씬 눈에 잘 들어오기 마련이어서, 걸핏하면 '역시 B형 남자는 안 돼.' '내 그럴 줄 알았지. AB형이 어디 가겠어?' 같은 말을 던지곤 한다. 그러면서 자칫 위험할 수 있는 잘못된 고정관념을 퍼뜨린다. 참으로 위험한 일이다. 본의 아니게 한 사람의 인간관계를 망가뜨릴 수 있기 때문이다.

성격 유형도 크게 다르지 않다. 이 책을 읽어나가면서 섣불리 누군가를 어떤 유형으로 단정 짓고 비판하지 않기를 바란다. 성격 유형이라는 것은 다양한 측면을 두루 고려해서 신중히 검토하는 것이 바람직하다.

나쁜 예 2. 막 나가기

성격 유형에 대한 설명에는 좋은 점만 있는 게 아니다. 당연히 약점 같은 부정적인 부분도 있게 마련인데, 어떤 사람들은 이를 자신의 치부로 여기고 부끄러워한다. 그래서 남들이 그 점을 알아채고 지적하면 당황한 나머지 "그래서 어쩔 건데?"라며 도리어 화를 내는 이들도 있다. 그리고 주변의 충고나 조언을 일방적으로 거부하고, 그런 부정적인 부분을 자랑스럽게 드러내 보이면서 키워나가기도 한다. 스스로 방어막을 치는 것이다.

그 결과는 고립이다. 도움의 손길을 내밀었던 친구와 동료들이 힘들고 지쳐서 멀어지거나, 아주 등을 돌리게 될 수도 있다. 자신이 그러고 있다는 느낌이 든다면 곧바로 책을 덮고 잘 생각해보기 바란다. 왜 이 책을 읽고 있는 것인지.

나쁜 예 3. 놓아버리기

이 또한 부정적인 부분을 창피해하는 경우다. 어떤 사람들은 방어막을 치는 대신 그 사실을 감추려든다. 그다음 순서는 자기비하, 그리고 타인과의 비교다. 심지어 자기 성격 유형을 사람들이 알아채고 나쁘게 생각할까 두려워 다른 유형인 척하기도 한다.

속으로 '그래, 역시 난 어쩔 수 없어'라면서 모든 것을 놓아버린다. 그리고 자기 발전을 위한 노력 대신 자신의 진짜 모습을 숨기거나 포장하는 데 골몰한다.

하지만 그런 모습은 '솔직하지 못한 사람' '겉과 속이 다른 사람'이라는 인상을 줄 뿐이다. 용기를 가지고 자신의 장점과 단점을 허심탄회하게 드러내는 것이 사람들의 격려와 관심을 받을 수 있는 길이다.

서로 다른 성격 유형이 만나면
시너지가 발휘된다

자신과 같은 유형과 대화를 하면 말이 잘 통한다. 대화를 할 때 어떤 의도로 그런 말을 하는지 읽을 수 있기 때문이다. 자신은 배려라고 한 행동인데 다른 유형의 입장에서는 배려라는 생각이 전혀 들지 않을 수도 있다. 그러나 같은 유형이라면 금세 이해한다.

그렇다고 같은 유형의 사람하고만 어울리는 것은 개인의 성장이나 발전에 문제가 될 수 있다. 성격 유형별로 저마다 능력이 다르기 때문에 서로 협력해야 시너지를 낼 수 있다.

예를 들어 전략과 계획은 굉장히 잘 세우는데 실천력이 부족한 유형만 있다면 그 전략과 계획은 잠들어 있는 것에 불과하다. 이때 빠른 실천력을 가진 유형이 돕는다면 그 전략과 계획을 빠르게 실행하여 결과물을 만들어낼 것이다. 그리고 기발한 아이디어를 가진 유형의 경우 싫증을 잘 내기 때문에 일을 끝까지 마무리하기가 어렵다. 이때는 인내심을 발휘해서 그 일을 완벽하게 마무리할 수 있는 유형이 있다면 금상첨화다.

나와 다른 생각을 가지고 있는 사람이라고 배척하기보다, 내 능력으로 상대를 돕고 상대가 가진 능력을 나눠 쓰며 서로 협력하는 자세가 필요하다.

Part 1.

나와 너를 아는 사람 공부

Chapter 1.

나는 장형일까?
가슴형일까?
머리형일까?

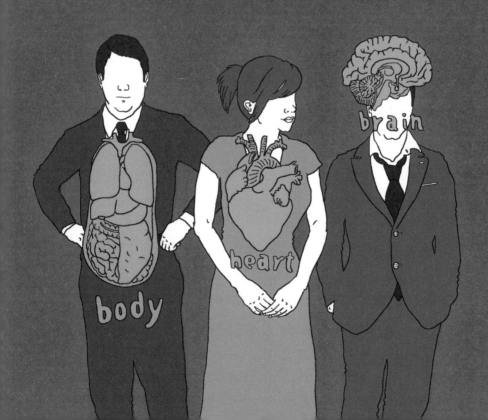

성격 테스트 1단계
: 3가지 유형
판별하기

먼저 자신은 주로 어떤 에너지를 사용하는 유형인지 알아보자.

START
▼

마음을 의지할 사람이 필요하다. 사람에게서 힘을 많이 얻는다.	YES ▶	용건 없이도 친한 사람들과 통화를 즐긴다.	NO ▶	물건을 따지면서 사기보다 비싸더라도 살 때 제대로 사는 것을 좋아한다.

NO ▼   YES ▼   NO ▲   YES ▼

잠을 많이 자야 피로가 풀린다. 맘만 먹으면 24시간도 잘 수 있다.　　**NO** ▶　　사람들에게 주목받고 싶다. 일부러 관심을 끌 만한 행동을 하기도 한다.　　**NO** ▶　　나도 모르게 버럭 화가 나서 손해 보는 일이 종종 있다.

YES ▼　　　　　　　**YES** ▼　　**NO** ▲　　**YES** ▼

물건을 따져보고 분석하고 가격 대비 성능이 우수한 것을 선호한다.　　**NO** ▶　　다른 사람이 바라보는 나에 대한 이미지에 신경 쓴다.　　**NO** ◀　　누군가에 대한 좋은 감정을 표현하는 건 굉장히 쑥스러운 일이다.

YES ▼　　**NO** ▲　　**YES** ▼　　　　　　**YES** ▼

피곤하고 힘들 때 주변 사람들이 나에게 관심을 보이는 것은 싫다.　　**NO** ▶　　일이 해결되지 않아 힘들 때 누군가 공감해주는 것만으로도 많은 도움이 된다.　　**NO** ◀　　해보지 않은 일에 대해 상상하는 것은 힘들다.

YES ▼　　　　　　**YES** ▼　　**NO** ▲　　**YES** ▼

화가 나도 감정적으로 대하기보다 상대를 무시해버리는 경우가 종종 있다.　　**NO** ▶　　합리적 기준보다 친분에 따라 결정을 내릴 때가 종종 있다.　　**NO** ◀　　누가 내 물건에 손을 대거나 함부로 쓰는 것을 매우 싫어한다.

YES ▼　　**NO** ▲　　**YES** ▼　　　　　　**YES** ▼

감정적이고 앞뒤가 안 맞는 말을 하는 사람과 말하는 것은 정말 싫다.　　**NO** ▶　　반응이 없고 차가운 사람과 함께 있는 것은 부담스럽다.　　**NO** ▶　　가타부타 대답이 없는 사람을 대하기가 정말 답답하다.

YES ▼　　　　　　**YES** ▼　　**NO** ▲　　**YES** ▼

점원이 제품을 권유하기보다 내가 생각할 수 있는 자료를 많이 주면 좋겠다.	NO ▶	다른 사람과 나를 자주 비교한다.	NO ▶	NO ▲	머리로만 이해하는 것보다 직접 해봐야 더 이해가 잘된다.

YES ▼   YES ▼   NO   YES ▼

이성보다 감정이 앞서는 사람에게는 말해봤자 소용없다고 생각한다.	NO ▶	날씨나 분위기를 탄다. 때론 분위기에 취해 감성에 젖어보고 싶다.	NO ◀	약한 모습 보이는 것은 매우 싫다. 여자든 남자든 약한 모습 보이는 사람은 싫다.

YES ▼   YES ▼   NO ◀   YES ▼

과장된 칭찬은 부담스럽다. 간단하게 사실만 칭찬해주면 좋겠다.	NO ▶	다른 사람이 나를 알아주고 나에게 기대와 관심을 보이면 왠지 더욱 의욕이 생긴다.	NO ◀	복잡하게 오래 생각하기 싫다. 일단 실행해보고 수정하는 것이 좋다.

YES ▼   NO ▲   YES ▼   YES ▼

머리형   **가슴형**   **장형**

3가지 유형별
스타일
진단하기

사람이 건강하려면 머리는 차가워야 하고, 가슴은 따뜻해야 하며, 배는 뜨거워야 한다는 이야기가 있다. 사람의 성격도 이와 같이 온도로 설명할 수 있다.

머리형 사람들의 느낌은 차갑다. 조용하고, 이성적이며, 냉정하다. 색깔로 이야기하면 냉철한 파란색에 해당한다.

가슴형 사람들의 느낌은 따뜻하다. 얼굴은 미소를 띠며, 감성적이고, 정이 많다. 색깔로 표현하면 온화한 노란색에 해당한다.

장형 사람들의 느낌은 뜨겁다. 강해 보이는 인상에, 활동적이며, 열정적이다. 색깔로 표현하면 정열의 빨간색에 해당한다.

이와 같이 유형별 스타일이 모두 다르다. 가슴형이 좋고, 머리형이나 장형이 나쁜 것이 아니다. 각각의 유형은 저마다 장점과 단점이 있다. 성격의 좋고 나쁨을 이야기하는 것은 옳지 않다. '우리는 모두 성격이 다르다'라고 말하는 것이 옳다. 더 이상 우리는 '누구는 성격이 나쁘다'라고 말하는 오류를 범해서는 안 된다.

1. 장형
행동파: 도전과 용기의 '용장 스타일'

장형의 외모는 어느 정도 몸집이 있고 힘이 느껴지며, 말할 때도 힘주어 강하게 이야기하는 스타일이다. 직설적인 언어를 주로 사용하며, 행동이 과격해 보이고, 알고 싶은 사실이 있으면 단도직입적으로 질문하고 대답을 요구한다. 거짓이 없고 약자를 보호하는 정의의 사도다.

장형은 한마디로 솔직 과감한 '행동파'다. 자신이 갖고 있는 '힘과 존재의 무게감'에 관심을 둔다. 강한 추진력이 있고, 인간관계에서도 자신의 힘이 어디까지 미칠 수 있는지 확인하고 싶어 한다. 이들은 자신이 구축한 영역 등을 통해 자신의 존재 가치를 확인한다. 따라서 자기 영역 안에 있는 모든 것을 지배하려 하고, 의지대로 되지 않을 때 분노를 느낀다.

다른 사람에게 지배받는 걸 싫어하면서 지배하려는 욕구는 강해 조직에서 리더 역할을 하는 경우가 많다. 그리고 자신의 권위에 위협을 느낄 때 화를 낸다. 또한 참을성이 약해서 쉽게 화를 내는 편이다. 분노를 바로 해소해버려야 직성이 풀리는 성격이므로 자기 성에 못 견뎌 혼자 씩씩거리기도 한다. 하지만 약자에 대해서는 보호 본능이 있어 화를 낼 때도 강한 자에겐 강하게, 약한 자에겐 약하게 대하는 경향이 있다.

장수 타입으로 보면 용장 스타일로, 대담함과 결단력이 돋보이는 장수라고 하겠다. 용장은 장형의 특징을 잘 보여주는데, 불가능한 상황을 진두지휘하여 한 번에 전세를 바꾸어놓는 타고난 리더의 모습을 가지고 있다. 힘이 있고 의리가 있어 쉽게 물러나지 않는 전형적인 보스 스타일이다.

일을 처리할 때도 일단 행동부터 하는 경향을 보이며 눈에 보이는 결과를 중요시한다. 강한 추진력과 도전을 통해 자신의 힘을 보여주고 자신의 영역을 확보해 존재 가치를 인정받고자 하는 욕구가 강하다. 일에 대한 욕구가 강해 지치지 않는 열정으로 휴식 없이 일한다.

이들은 과거를 후회하고, 미래를 준비하기보다 순간순간을 열심히 살아간다. 내일의 준비보다는 오늘의 성과를 위해 더 노력하는 편이다. 그래서 이들은 돈에 대한 개념도 '현찰이 돈'이라고 생각한다. 미래의 100만 원보다 당장 손에 쥘 수 있는 현재의 만 원을 더 가치 있게 여긴다.

2. 가슴형

감성파: 인화와 믿음의 '덕장 스타일'

가슴형은 얼굴과 체형이 대체로 동글동글하고, 말투도 부드러우며, 애교가 있다. 말끝을 살짝 늘어뜨려 리듬감 있게 느낌을 전달한다. 누구에게나 웃는 얼굴로 친절하고 다정다감하며, 사람들에게 호감을 주는 매력적인 외모를 가지고 있다.

가슴형은 한마디로 '감성파'다. 매우 사교적이며 타인과의 관계를 무척 중요하게 생각한다. 누군가를 만나면 상대의 기분이 어떤지 파악하고, 그에 맞춰 이런저런 일들을 이야기하면서 먼저 분위기를 만들려고 한다. 감성이 풍부하고, 타인의 마음을 잘 느끼고 공감하며, 다른 사람들이 자신을 어떻게 생각할지에 대해 매우 관심이 많다. 타인이 자기를 보는 이미지에서 자신의 존재가치를 확인하기 때문이다. 그러므로 타인에게 얼마나 좋은 이미지로 비춰질지에 관심이 많고 타인에게 인정받기를 원한다. 그렇지 못할 때는 강한 수치심을 느낀다.

상대가 자신을 인간적으로 무관심하게 대하면 속상해한다. 화가 나면 본질적인 문제를 해결하기보다 감정적으로 서운한 점을 해소하려고 한다. 삐쳐 있거나 울먹거리면서, 주변 사람이 자신의 마음을 은근슬쩍 눈치채주고 풀어주기를 원한다.

또한 인정에 대한 욕구가 커서 일을 할 때도 누가 지시를 했으며, 누구와 함께하는지에 영향을 많이 받는다. 그런가 하면 매우 사교적이고 인간관계를 잘 맺기 때문에 주변에 늘 사람이 많다.

이들은 돈에 대한 개념도 '사람, 인맥이 돈'이라고 생각한다. 사람을 많이 알면 결국 자신에게 도움이 된다고 생각하므로 손수 모임을 만들거나 주위 사람들과 교류하는 데 많은 시간을 들인다.

장수 타입으로 보면 덕장 스타일로, 부하들의 신망을 얻으며 무엇보다 인덕을 중히 여기는 인간적인 면모가 돋보이는 장수다. 싸움을 하는 것은 사람이니 사람의 마음을 어떻게 얻을 것인가를 고민하고 잘못을 한 부하를 질책하기보다 따뜻한 배려로 감싸 안으며 부하들의 마음을 얻는다.

이들의 주요 시점은 과거에 있다. 그래서 지난 일들과 옛 사람을 생각하며 두고두고 그리워하거나 생각하는 경향이 있다. 그래서 아주 감성적인 낭만주의자로 보인다.

3. 머리형

이성파: 전략과 준비의 '지장 스타일'

머리형의 외모는 주로 왜소하거나 날씬하며 다소 날카로운 이미지를 가지고 있다. 군더더기 없이 차분하게 자신의 의견을 조리 있게 조곤조곤 말한다. 대체로 논리적이고 간명한 화법을 좋아하며, 과장되거나 장황하게 늘어지는 말투를 싫어한다. 직장 동료와 사적인 대화를 나누거나 잡담으로 시간 보내기를 싫어한다. 그래서 대체로 냉랭하게 느껴지는 편이다.

머리형은 한마디로 '이성파'다. 이들은 이성과 논리, 객관적이고 명백한 기준에 의해 결정을 내리고 항상 상황에 가장 적합한 방법을 찾기 위해 정보를 수집한다. 이들의 주요 관심사는 늘 '상황과 정보'다. 머리형은 말 그대로 지략에 능한 지장 스타일의 장수로, 전략을 중시하고 아주 신중하다. 무엇보다 싸움에 나가기 전에 전장戰場과 적에 대한 정보를 중히 여기고 불필요하게 힘을 낭비하기보다 준비를 철저히 하여 한 번을 싸우더라도 이기는 전투를 한다.

머리형은 일을 처리할 때 자료와 정보를 가장 우선시하는 경향이 있다. 이들은 자신이 습득한 정보와 지식 속에서 존재 가치를 느낀다. 잘 모르는 상황에서는 불안과 초조함을 느낀다. 늘 논리와 주장의 근거를 확보하려 하고, 알고자 하는 욕구가 강하다. 이들은 한마디로 '아는 것이 힘'이라는 신조 아래 모든 일에 학구적인 자세를 보이는 경향이 있다. 돈에 대한 개념도 마찬가지, '지식, 정보, 아이디어가 돈'이라고 생각한다.

사람들과 두루 관계 맺기보다 혼자만의 시간을 보내는 데 편안함을 느끼며, 어느 정도 거리를 두는 탓에 쌀쌀맞은 느낌을 주기도 한다. 교류에 소극적이며 마음을 쉽게 열지 않는 성격을 가지고 있다. 이치에 맞지 않을 때는 스트레스를 받는데, 문제 해결을 위해 조목조목 따져들며 이유를 묻는다. 대화를 시도하다 이성적으로 대화가 이루어지지 않으면 대화를 중단한다. 상종할 가치가 없어 보이기 때문이다. 감정적으로 대화에 임하는 것은 어리석은 행동이라고 생각하는 것이다.

이들은 심신의 안정과 안전에 대한 욕구가 있기 때문에 불안과 초조함을 잘 느끼며, 이에 대비하기 위해 과거나 현재보다는 미래에 많은 관심을 둔다. 그래서 앞으로 일어날 일에 대비해 미리 계획을 세우고 준비하는 데 많은 시간을 보낸다.

어떤 에너지를 우선시하는가?

초등학교에 다니는 동생이 방과 후에 친구와 싸워서 눈에는 멍이 들고, 코피를 흘리며 집에 돌아왔다고 하자. 이때 당신은 성인이 아닌 중학교 1학년의 관점에서 생각해야 한다. 당신은 동생에게 어떤 말을 하고, 어떤 행동을 취하겠는가?

장형은 동생을 보자마자 '행동'이 먼저 나온다. "누가 그랬어?"라고 물으면서 동생의 손을 잡고 동생을 때린 아이를 혼내주러 나설 것이다.

가슴형은 '감정'이 먼저 동해서 "어머, 어떻게 해. 아프지 않아?" 하며 동생을 안아주고 달래줄 것이다.

머리형은 '사고' 중심형이기 때문에 "왜 그래?"라고 물으면서 먼저 무슨 일이 있었는지 파악하려고 할 것이다. 안아주거나 달래주는 것은 자초지종을 다 들은 다음의 일이다.

이렇게 한 사건을 두고도 에너지의 중심에 따라 하는 말과 행동이 달라진다. 하지만 이는 어디까지나 상대적이다. 장형이라고 해서 사고력이 없는 것이 아니고, 머리형이라고 해서 감정이 없다는 뜻은 아니다. 에너지의 중심에 따라 우선순위가 달라진다는 얘기다. 장형은 행동과 결과를 우선시하고, 가슴형은 감정의 공감을 우선시하며, 머리형은 상황과 정보를 우선시하기 때문이다. 자신이 어떤 것을 우선시하는지 생각해본 뒤, 함께 일하는 동료나 상사, 부하 직원이 어떤 반응을 보이는지 잘 지켜보라.

방전과 충전

우리는 배터리가 '방전됐다'거나 '충전됐다'는 말을 종종 쓴다. 사람도 똑같다. 에너지가 방전될 때도 있고, 충전될 때도 있다.

머리형은 많은 사람들과 함께 있는 것을 힘들어한다. 그리고 다른 유형에 비해 체력이 약한 편이라 몸을 많이 움직이면 에너지가 쉽게 방전된다. 이런 경우, 혼자 있는 시간을 갖거나 휴식을 통해 에너지를 충전할 수 있다. 머리형이 에너지를 충전하는 가장 좋은 방법은 수면을 취하는 것이다. 머리형은 사고 중심형으로 다른 두 유형에 비해 두뇌를 많이 사용하는 편이다. 따라서 밤에는 충분한 수면을 취하고 낮에는 10~15분의 낮잠으로 머리를 쉬게 하면 에너지를 회복하는 데 큰 도움을 줄 수 있다.

가슴형은 어떤 사람과 함께 있느냐에 따라 에너지가 방전되기도 하고 충전되기도 한다. 외로움을 많이 타는 가슴형은 혼자 있으면 에너지가 방전된다. 사람과 함께 있더라도 싫어하는 사람과 함께 있으면 오히려 급격하게 에너지가 떨어진다. 가슴형은 좋아하는 친구나 사랑하는 가족을 찾고 그들에게서 에너지를 얻는다.

따라서 가슴형은 기운이 없을 때 마음을 따뜻하게 해줄 수 있는 좋은 만남이 에너지 충전에 큰 도움이 된다.

장형은 행동 중심형으로 힘의 근원이 아랫배 부근에 위치하고 있다. 이런 장형에게 머리를 써야 하는 복잡한 일이 생기면 에너지가 방전된다. 게다가 활동적인 장형이 가만히 앉아서 고민만 해야 한다면 더욱 급격하게 에너지가 떨어진다. 이런 경우 운동을 통해 몸을 움직이는 것이 많은 도움이 된다. 또한 다른 두 유형에 비해 움직임이 많기 때문에 음식 섭취를 통해 부족한 에너지를 충전할 수 있다.

머리형은
혼자만의 휴식이 필요해

머리형인 남 대리가 기운 없이 혼자 앉아 있었다.

이 모습을 본 가슴형 팀장이 다가가서 물었다.

"남 대리, 무슨 일 있어?"

남 대리는 "아무 일 없어요"라고 대답했다.

사실 그는 피곤해서 잠시 혼자 휴식을 취하는 중이었다.

팀장은 또다시 "그런데 왜 혼자 여기 힘없이 앉아 있어?"라며 괜찮으니까 말해보라고 자꾸 재촉했다.

남 대리는 다시 "정말 아무 일 없어요. 그냥 쉬고 있어요"라고 대꾸했다. 쉬고 있는데 자꾸 귀찮게 하는 팀장 때문에 더 힘이 들었다.

팀장은 남 대리가 걱정되어 "그러지 말고, 이따가 저녁에 나랑 한잔하지. 내가 살게"라고 이야기했다. 남 대리는 정말 괜찮다고 이야기했지만, 팀장은 "힘내고 저녁에 보자!"는 것이었다. 저녁에 일 끝내고 집에 가서 푹 쉬고 싶었는데 팀장이 저녁에 보자고 한 것 때문에 남 대리는 더 스트레스가 쌓였다.

머리형은 혼자 멍하니 앉아 있을 때가 있다. 휴식을 취하고 있는 것이다. 이때 가슴형이나 장형이 기분 풀어준다고 다가가서 말을 걸면 머리형은 굉장히 귀찮아한다. 상대의 성격 유형을 몰라서 상대가 진정으로 무엇을 원하는지 모를 경우, 내 방식대로의 배려가 상대에게 불편을 줄 수도 있음을 명심하자.

Chapter 2.

'9분의 1'의
나를 찾아라

머리, 가슴, 장을
다시
머리, 가슴, 장으로

첫 번째 관문에서 나와 상대의 성격 유형을 찾았다면, 이번엔 그 3가지 성격 유형에서 다시 나뉘는 세 갈래 길 중 하나를 찾을 차례다. 이번 길은 첫 번째 관문처럼 그리 쉽지만은 않다. 좀 더 세심하게 자신의 길을 찾아야 한다.

우리는 첫 번째 관문에서 머리형, 가슴형, 장형의 근본적인 차이는 결국 에너지의 중심이 어디에 있느냐에 달려 있다는 것을 알아보았다. 하지만 이것은 상대적인 중심이다. 누차 말하지만 머리형이라고 감정이 없는 것이 아니며, 장형이라고 해서 이성적인 사고를 하지 않는 것도 아니다. 단지 중심에 따라 우선순위가 달라질 뿐이다.

우선순위에 따라 이성적 판단을 우선시하는 머리형은 상황과 정보를 먼저 찾고, 감정을 우선시하는 가슴형은 위안과 공감을 먼저 찾는다. 그리고 장형은 행동과 결과를 우선한다.

하지만 같은 머리형이라도 성격적으로 더 내향적인 사람이 있고, 상대적으로 좀 더 외향적인 사람이 있다. 그런가 하면 좀 더 행동적인 경우와 좀 더 감정적인 경우도 있다. 같은 머리형이라도 에너지를 어떻게 사용하느냐에 따라 다시 3가지로 나뉘기 때문이다. 쉽게 말해 이성적 에너지를 더욱 많이 사용하는 골수파 머리형이 있고, 감성적인 머리형, 활동적인 에너지를 많이 사용하는 머리형이 있다. 가슴형과 장형도 마찬가지다.

따라서 장형, 가슴형, 머리형의 3가지 유형은 다시 다음과 같이 9가지 유형으로 나뉜다.

장형   장형적 장형 〈보스형〉

가슴형적 장형 〈화합가형〉

머리형적 장형 〈개혁가형〉

가슴형   가슴형적 가슴형 〈협력가형〉

머리형적 가슴형 〈성취가형〉

장형적 가슴형 〈예술가형〉

머리형	머리형적 머리형 〈탐구가형〉
	가슴형적 머리형 〈모범생형〉
	장형적 머리형 〈모험가형〉

그럼 지금부터 나와 상대가 9가지 유형 중 어떤 유형인지 '성격 테스트'를 통해 판별해보도록 하자. 먼저 나는 어떤 사람일까?

9가지 성격 유형 분류는 에니어그램enneagram을 바탕으로 실생활에 유용하게 활용할 수 있도록 연구에 의해 재구성한 것이다. 이 책에서는 각각의 유형을 편의상 보스형, 화합가형, 개혁가형, 협력가형, 성취가형, 예술가형, 탐구가형, 모범생형, 모험가형으로 부르겠다.

성격 테스트 2단계

: 9가지 유형 판별하기

1. '나' 판별하기: 내가 보는 나

아래 소개된 가~다는 각 성격 유형을 가진 개인들의 인생관이나 행동의 특성에 관한 보기다. 자세히 읽고, 지금까지 살아온 자신의 인생관과 가치관, 행동 특성과 가장 가깝다고 생각되는 유형을 하나만 선택하자.

　이것은 사회적 적응을 위해 학습된 특성보다 '내면의 특성'을 찾기 위한 것이므로, 20대 초반이나 그 이전의 자신을 상기하면서 선택해야 더욱 정확한 결과를 얻을 수 있다.

가: 다른 사람들과 함께 일할 때도 내 주장을 자주 말하며, 평소 적극적이라는 이야기를 듣는 편이다. 능력이 있고 노력하면 안 되는 일이 없다고 생각한다. 목표가 생기면 우물쭈물하기보다 빨리 추진해나간다. 목표에 몰입하면 집중력이 높은 편이다. 가만히 있는 것을 별로 좋아하지 않으며, 새로운 일을 추진할 때 힘이 난다. 상황을 우물쭈물하면서 피하기보다 정면으로 부딪치는 것을 더 좋아한다. 은근히 성격이 급하고 기다리는 것을 잘 못한다. 가끔 이런 성격에 사람들이 상처받는 것 같다.

나: 다른 사람들 앞에 나서거나 경쟁하는 것을 별로 원하지 않는다. 너무 바쁘게 사는 것보다 나만의 시간과 공간에서 지내는 것을 좋아한다. 아는 사람이 있을 때는 활발하지만, 낯선 자리에서는 수줍음을 많이 타고 내성적이다. 마음속에 흥미로운 상상들이 일어나며, 다른 사람들은 그것을 잘 이해하지 못하는 듯하다. 다른 사람과 함께 일할 때 대체로 자기의견을 강하게 주장하지 않지만, 자기만의 세계에서는 최고의 전문가가 되고 싶다. 한 번 동기부여가 되면 지치지 않고 상당한 수준까지 파고든다.

다: 평소 책임감이 강하고 부지런하다는 말을 자주 듣는다. 가족 간의 화목, 유대감을 매우 중요시하며 기본적인 도리는 지키려고 노력한다. 특출하게 잘하는 것은 없지만, 사람들을 위해 알게 모

르게 도움을 주고 때론 부탁하지 않아도 자기 몫을 희생할 때가 있다. 그리고 그것을 사람들이 내심 알아줬으면 좋겠다고 생각한다. 약속이나 의무에 충실한 편이며, 다른 사람들의 기대에 부응하려고 노력하는 편이다. 성실하고 부지런하지만, 때때로 '보수적이고 고지식하다'거나 '순진하다'는 소리를 듣기도 한다.

가~다 중 하나를 선택했다면, 다음 테스트로 넘어가보자.
가를 선택했다면 가-A, 가-B, 가-C 중 자신의 성향과 가까운 것을 택한다.
나를 선택했다면 나-A, 나-B, 나-C 중 자신의 성향과 가까운 것을 택한다.
다를 선택했다면 다-A, 다-B, 다-C 중 자신의 성향과 가까운 것을 택한다.

가-A: 명랑하고 쾌활하며, 사람들이 나와 함께 있으면 재미있고 유쾌해진다고 한다. 이해력이 빠르고 아이디어가 빨리 떠올라서 새로운 시도를 좋아한다. 새로운 기술이나 환경을 좋아하고, 경험하고 싶은 일들이 너무 많아서 여가 시간에도 다양한 취미 활동을 즐긴다. 무엇이든 시작할 때는 계획부터 세우지만 중간에 수정하기도 하고 그만두기도 한다. 금세 또 다른 관심거리가 생기기 때문이다. 그래서 마무리를 깔끔하게 짓지 못한다는 평을 듣기도 한다. 통념과 권위 의식을 별로 좋아하지 않고, 누구와도 잘 어울리며 특히 어린아이와 잘 어울려 놀기도 한다. 나이 구분 없이 모두와 친하고 싶다. 가끔은 재미있자고 한 내 말에 주위 사람이 상처받을 때도 있다. 지나치게 진지한 감정이나 고상한 분위기, 심각하고 지루한 것은 피하고 싶다.

가-B: 목표를 정하고, 그것을 성취해가는 과정을 즐긴다. 주어진 시간 안에 많은 일을 해내기 위해 우선순위를 정하고 스케줄 관리를 하며, 목표를 달성하는 데 가장 효율적인 방법을 찾는다. 일이 성사될 수 있다면 때론 규칙이나 절차를 바꾸는 것도 필요하다고 생각한다. 사람들로부터 '능력 있다' '일 처리를 잘한다'는 말을 듣는 편이다. 평소 인간관계의 폭이 넓고 사교적이지만, 사적인 정에 얽매여 공적인 일을 감정적으로 처리하는 것은 어리석은 짓이라고 생각한다. 무계획적으로 일하거나 속도가 느린 사람, 융통성 없는 사람을 보면 답답하다. 평소 자투리 시간이 남지 않게 항상 계획을 세우며 여가 시간에도 신체와 능력을 계발하기 위해 끊임없이 노력한다. 성공적인 인생을 위해 다양한 능력을 갖추고 열정적으로 일해서 정상의 자리에 오르고 싶다.

가-C: 솔직담백하고 내 주장이 강하다. 직관적으로 행동하고 일단 옳다고 생각하면 끝까지 밀어붙이려 한다. 일의 과정보다는 구체적인 결과를 더 중요하게 여긴다. 무엇이든 가슴에 잘 담아두지 못해서 좋건 싫건 그 자리에서 직선적으로 말하는 경향이 있다. 그래서인지 말을 돌려서 하거나, 앞에서는 아닌 척하면서 뒷말하는 사람은 가까이하고 싶지 않다. 우유부단하거나 행동하지 않는 사람을 보면 화가 난다. 사람들은 이런 나를 보고 "무뚝뚝하고 화도 잘 내지만 뒤끝은 없다"고 말한다. 사람들은 내 내면에 어린아이와 같은 순수한 마음이 있다는 것을 잘 모르는 것 같다. 하지만 다른 사람에게 약한 모습을 보이는 것은 싫다. 예의를 갖추면서도 솔직하고 당당하게 단도직입적으로 자신의 소신을 밝히는 사람이 좋다. 부당한 상황이나 약자를 보면 그 편에서 문제를 해결하고 보호해주고 싶어진다. 보다 강해져서 남에게 영향력을 행사하는 사람이 되고 싶다.

> **가**
>
> A를 선택했다면 당신은 장형 성향을 많이 사용하는 머리형 〈모험가형〉
> B를 선택했다면 당신은 머리형 성향을 많이 사용하는 가슴형 〈성취가형〉
> C를 선택했다면 당신은 장형 중의 장형 〈보스형〉

나-A: 상상력이 뛰어나며 상상의 세계에 꿈꾸듯 몰입하는 혼자만의 시간을 좋아한다. 누구나 자기만의 개성이 존중되어야 한다고 생각하며, 어떠한 틀에도 구속되지 않고 자유롭게 살고 싶다. 남을 의식하고 수줍음도 많은 편이지만, 일단 취향에 맞으면 남이 어떻게 보든 별로 상관하지 않는다. 그래서 뜻하지 않게 '튄다'는 말을 종종 듣는다. '기분파'라는 말도 듣는다. 기분이 나지 않거나, 뭔가 강렬한 느낌이 오지 않으면 아무것도 할 수 없기 때문이다. 하지만 일단 충분한 동기부여만 되면 시간과 장소에 구애받지 않고 정열적인 에너지를 낼 수 있다. 그러나 이런 점이 남들에겐 잘 이해되지 못하는 것 같다. 인간미 없이 냉정한 사람, 규칙을 강요하는 사람, 센스 없는 사람, 속물적인 사고방식을 가진 사람들은 가까이하고 싶지 않다.

나-B: 지적이고 합리적인 대화를 좋아하며, 현실에 막무가내로 뛰어들기보다는 객관적으로 거리를 두고 깊이 있게 관찰하기를 좋아한다. 일이 복잡해지면 우선 혼자서 생각을 정리할 시간이 필요하다. 주어진 정보 속에서 상황의 핵심을 파악하고 머릿속으로 일의 흐름을 그려본 뒤 생각이 정리되면 일을 시작한다. 평소 감정을 쉽게 드러내지 않는 편이라 '무슨 생각을 하는지 잘 모르겠다'는 소리도 듣는다. 감정을 다루는 데 익숙지 않고, 일을 하는 데 감정이 판단을 흐리게 할 수 있다고 생각하므로 될 수 있으면 피하려 한다. 여러 사람과 어울리기보다 혼자서 조용히 책을 읽거나 컴퓨터를 상대하는 것이 편하다. 반복적이고 장황한 표현, 과격한 행동과 시끄러운 말소리 등을 좋아하지 않는다. 또한 어떤 모임에서든 눈에 띄는 것을 좋아하지 않는다.

나-C: 세상을 모나지 않게 살아가는 것이 좋다고 생각한다. 다른 사람들에게서 '편한 사람'이란 말을 듣는 편이고, 고민 상담을 요청하는 사람도 종종 있다. 다 같이 있을 때 다른 사람들의 입장을 생각하느라 한발 물러서는 경우가 많다. 남들 앞에 나서는 것을 좋아하지 않으며, 뒤에서 자기 역할을 묵묵히 하며 전체 일이 조화를 이루도록 뒷받침하는 것이 더 좋다. 종종 이것도 맞고 저것도 맞는 것 같아서 결정하기 어려울 때가 있다. 흑백논리로 선택을 강요당할 때 어려움을 느낀다. 사람들은 편안하고 느긋해 보인다고 말하지만, 내색하지 않을 뿐 실제로는 매우 급하고 고민이 많다. 이기적이거나 자기주장만 강한 사람에게는 화가 나지만 잘 참는 편이며 여간해서는 잘 드러내지 않는다. 하지만 하고 싶은 것이 생겨 한 번 마음을 먹으면 굽히지 않아 고집이 세다는 말을 듣곤 한다.

> **나**
> A를 선택했다면 당신은 장형 성향을 많이 사용하는 가슴형 〈예술가형〉
> B를 선택했다면 당신은 머리형 중의 머리형 〈탐구가형〉
> C를 선택했다면 당신은 가슴형 성향을 많이 사용하는 장형 〈화합가형〉

다-A: 약속과 기본적인 원칙을 지키려고 열심히 노력한다. "성실하지만 고지식하고 융통성이 부족하다"는 이야기를 듣는 편이다. 다른 사람의 눈보다 스스로의 양심에 부끄럽지 않은 사람이 되고 싶다. 정해진 약속이나 규칙을 지키지 않는 사람을 보면 화가 난다. 그것은 누구나 예외 없이 지켜야 할 기본이고, 이를 지키지 않는 사람 때문에 전체가 피해를 본다고 생각한다. 이런 사람에게는 기회가 되면 잘못을 지적하는데, 그런 일이 다시 발생하지 않길 바라는 배려 때문이다. 복잡한 것보다 쉽고 단순한 것, 확실한 것이 좋고, 성실하고 책임감 있는 사람이 좋다. 반대로 공사가 불분명한 사람, 말만 많고 실천하지 않는 사람을 보면 화가 난다. 항상 솔선수범하고 공평해지려고 노력한다.

다-B: 신용과 예의를 중요시하며, 체계적으로 준비된 상황에서 일할 때 편안함을 느낀다. 평소 남에게 부담 주기 싫어하고 주어진 역할을 책임감 있게 수행하기 때문에 '믿을 만한 사람'이라는 이야기를 듣는 편이다. 어떤 사람이나 조직을 신뢰하게 되면 가능한 한 최선을 다한다. 그러나 믿음을 갖게 되기까지 여러 번 확인한다. 한 번 신뢰를 저버린 사람에 대해서는 믿음을 잘 회복하지 못하며, 그럴 땐 냉정하고 단호한 면까지 보인다. 불확실한 미래를 대비하기 위해 늘 준비하고 계획을 세우며, 관련 정보를 최대한 수집하고, 최악의 경우를 먼저 생각하는 버릇이 있다. 아무 대책 없이 일단 행동부터 하는 사람을 보면 무모해 보이고 신뢰가 안 간다. 남들이 모르는 정보를 많이 갖고 있지만, 사생활이나 정보가 알려지는 것은 좋아하지 않는다. 앞에 잘 나서지는 않지만 위기의 순간에는 과감하게 책임지고 일을 완수해낸다.

다-C: 주위 사람들과 다정하게 이야기 나누고 서로 도와주는 것을 좋아해서 정이 많고 친절하다는 말을 많이 듣는다. 또한 다른 사람들의 감정이나 컨디션에 늘 관심이 많다. 혼자만을 위한 일보다는 여러 사람들을 위한 일을 더 좋아한다. 조금 바쁘더라도 주위에서 도움을 청하면 최대한 도와주려 애쓰며 '고맙다'는 말 한마디에 큰 만족감을 얻지만, 고마움을 모르고 자기 생각만 하는 사람에게는 서운함을 느낀다. 소심한 면이 있어서 쉽게 마음에 상처를 받고, 남에게 상처가 될 만한 싫은 소리를 직설적으로 하지 못하는 편이다. 사람에 대한 인간적인 배려가 무엇보다 중요하다고 생각한다. 계산적인 사람, 자기주장이 강해 전체 분위기를 깨거나, 마치 자신이 혼자 다 해낸 것처럼 나서는 사람을 보면 자기밖에 모르는 사람이라는 생각이 든다.

> **다**
> A를 선택했다면 당신은 머리형 성향을 많이 사용하는 장형 〈개혁가형〉
> B를 선택했다면 당신은 가슴형 성향을 많이 사용하는 머리형 〈모범생형〉
> C를 선택했다면 당신은 가슴형 중의 가슴형 〈협력가형〉

2. '상대' 판별하기: 내가 보는 남

다음 내용은 주위 사람들의 성격을 알아보기 위한 것이다. A~I 까지 각 문항을 읽고, 판별하고자 하는 사람의 성향과 비슷한 것에 체크한 뒤 각각의 개수를 적어보자. 오래 생각하지 말고 문항당 3초 내외로, 직관적으로 떠오르는 번호를 선택하라.

A ··· __개

① 솔직해서 속마음을 잘 숨기지 못한다.

② 불가능한 일에 정면으로 맞서 도전하는 편이다.

③ 구속받는 것을 싫어해서 자기 일에 간섭하려 들면 민감하게 반응한다.

④ 일의 과정보다는 결과를 더 중요하게 생각한다.

⑤ 일단 목표를 정하면 몰입해서 빠르게 돌진하는 추진력이

있다.

⑥ 제멋대로거나 이기적일 때가 있다.

B ⸺⸺⸺⸺⸺⸺⸺⸺⸺⸺⸺⸺⸺⸺ __개

① 앞에 나서거나 경쟁하는 것을 좋아하지 않는다.

② 남들한테 싫은 소리를 잘 못한다.

③ 편안하고 듬직하며, 고민 상담도 잘 들어준다.

④ 거절을 못해서 일을 끌어안는 경우가 많다.

⑤ 문제점이나 갈등을 깊이 파고들면 싫어하고, 가급적 피하
려 한다.

⑥ 변화하기보다는 웬만하면 하던 대로 한다. 게을러 보일 때
가 있다.

C ⸺⸺⸺⸺⸺⸺⸺⸺⸺⸺⸺⸺⸺⸺ __개

① 잘못된 것은 잘못되었다고 말한다.

② 자기가 맡은 일을 신속하고 정확하게 처리해낸다.

③ 열심히 하는 건 좋은데, 가끔 남의 일에 참견하려 든다.

④ 책임감이 강하고 꾸준하며 성실하게 생활하는 편이다.

⑤ 고지식하고 융통성이 부족하다고 생각될 때가 있다.

⑥ 원칙과 규칙을 강조하고, 다른 사람에게도 지킬 것을 요구
한다.

D ·· __개

① 늘 다정하게 웃으면서 사람들을 대하는 편이다.
② 사람들과 어울리길 좋아하고 다른 사람들을 잘 챙긴다.
③ 사람들을 은근히 자기 뜻대로 조종하려고 한다.
④ 자기 일을 제쳐놓고 다른 사람의 일에 열성적일 때가 있다.
⑤ 소심한 면이 있어서 쉽게 상처를 받는다.
⑥ 혼자 하는 일보다 모두가 함께하는 일에 더 의욕적이다.

E ·· __개

① 업무 스케줄 관리, 시간 관리를 잘하는 편이다.
② 겉으로는 잘 대해주지만, 속은 냉정하다는 느낌이 들곤 한다.
③ 항상 바빠 보이고 분주하다.
④ 성과가 눈에 띄지 않는 일은 열심히 하지 않는다.
⑤ 윗사람에게는 깍듯한데 아랫사람은 무시하는 경향이 있다.
⑥ 목표 지향적이며 자기관리에 철저하다.

F ··· __개

① 인간미가 있고 매력적이며 센스가 있다.

② 감정 기복이 심하다. 조그만 일에도 기뻐하거나 우울해한다.

③ 감수성이 풍부하고 독특하며 까다롭다.

④ 상상력이 풍부하고 창조적이다.

⑤ 획일적인 기준을 싫어한다. 남들과 반대로 하려고 한다.

⑥ 좋아하는 사람과 싫어하는 사람의 구분이 뚜렷하며, 대하
　는 태도가 확연히 다르다.

G ··· __개

① 논리적이고 객관적으로 일을 풀어나간다.

② 화가 나도 감정을 배제하고, 일은 일대로 객관적으로 처리
　하는 편이다.

③ 사람들과 어울리는 것보다 혼자 조용히 있는 것을 좋아한다.

④ 앞에 나서기보다 침착하게 지켜보는 편이다.

⑤ 돈 쓰는 것, 정보를 알려주는 것에 인색한 편이다.

⑥ 말은 없지만, 은근히 다른 사람을 무시하고 잘난 체한다.

H ·· __개

① 성실하고 신중하며 순종적이다.
② 부정적이고 냉소적이며 의심이 많다.
③ 정말 모범적으로 생활하는 것 같다.
④ 윗사람의 뜻에는 특별히 반대하지 않고 깍듯이 따르는 편
   이다.
⑤ 걱정이 많고 지나치게 조심스럽다.
⑥ 수동적이고 결단력이 부족하다.

I ··· __개

① 늘 낙천적이고 긍정적으로 생활하는 편이다.
② 농담이나 가벼운 장난을 잘 친다.
③ 집중력과 끈기가 부족하고 산만하다.
④ 아이디어가 풍부해서 새롭게 시도하는 것을 좋아한다.
⑤ 재치가 있고 유쾌하여 분위기를 밝게 만든다.
⑥ 덜렁거리고 산만하며 예의가 없다.

개수가 가장 많이 나온 것이 상대의 성격 유형일 가능성이 높다. A~I까지의 성격 유형 결과는 다음과 같다.

A : 장형적 장형 〈보스형〉
B : 가슴형적 장형 〈화합가형〉
C : 머리형적 장형 〈개혁가형〉
D : 가슴형적 가슴형 〈협력가형〉
E : 머리형적 가슴형 〈성취가형〉
F : 장형적 가슴형 〈예술가형〉
G : 머리형적 머리형 〈탐구가형〉
H : 가슴형적 머리형 〈모범생형〉
I : 장형적 머리형 〈모험가형〉

9가지
유형별 특징을
파악하라

얼굴 표정, 텔레파시, 육감, 행동 패턴 등으로 생각이나 감정을 읽어내는 것을 '독심술'이라 부른다. 실제로 인간의 행동을 주의 깊게 관찰하면 마음을 읽어내는 능력이 길러진다고 한다.

사람의 마음을 읽는다는 것은 원만한 관계와 원활한 소통을 위해 반드시 필요한 부분이다. 언성을 높이거나 감정적 소모전 없이 상대에게서 내가 원하는 결과를 얻어내는 가장 손쉬운 방법이기도 하다. 그러기 위해서 먼저 진정한 나의 모습을 발견하고, 그동안 내가 이해할 수 없었던 상대를 파악해보자. 줄곧 나를 골머리 앓게 했던 상대가 십분 이해될 것이다. 그리고 뻔한 스토리의 드라마처럼 그가 할 다음 행동과 반응이 머릿속에 자연스럽게 떠오를 것이다.

그럼, 이제부터 상대를 파악하기 위한 기본 훈련으로 9가지 성격 유형별 특징을 알아보도록 하자.

그동안 알지 못했던, 혹은 잘못 알고 있었던 나의 성격 유형에 대한 학습을 통해 진정으로 '나'를 돌아보는 계기가 될 것이다. 그리고 '대체 왜 저럴까' '왜 나와 안 맞는 걸까'라며 막연하게 힘들어했던 상대의 성격 유형에 대해 알게 될 것이다.

1. 장형

장형적 장형 〈보스형〉
: 강함을 추구하고 의지를 실현하는 사람

> **별   명** : 보스, 무대포, 거물, 불도저, 정의의 사도, 독불장군, 단무지
> **상징동물** : 호랑이
> **대표인물** : 연기자 김혜수·송강호, 가수 김현정, 골프선수 박세리·미셸위·최경
>   주, 스케이트선수 이상화, 기업가 정몽구

외모적 특징
얼굴 생김새를 살펴보면 힘 있고 강한 눈빛이 인상적이다. 눈이 크든 작든 눈에 힘이 많이 들어가 있다. 그리고 눈꼬리가 살짝 위

로 올라간 편이며, 평소에는 입을 굳게 다물고 있다. 대체로 체구가 크나, 작은 사람도 다부져 보인다. 강한 인상을 주는 스타일의 옷을 즐겨 입으며 검은색, 빨강색 등의 원색적인 색상을 선호한다. 헤어스타일은 이마를 드러내고 앞머리를 뒤로 넘기는 올백을 하거나, 여자의 경우 틀어 올려 강한 인상을 주기도 한다. 또한 액세서리는 큼직하고 화려한 것을 선호한다.

말투

화끈하고 시원시원하나 강압적이고 위협적인 말투. 목소리와 동작이 크고 힘차서 자신감이 넘쳐 보이며, 사람들을 집중시키는 힘이 있다. 하지만 부드럽지 못하며, 단정적이고 지시하는 말투다. 솔직한 것이 좋다고 여기기 때문에 여간해선 돌려 말하거나 완곡하게 표현하지 못한다.

성격적 특징

Strong Point

추진력: 마음먹은 일은 무서운 속도로 밀어붙이는 추진력이 있다. 조금씩 규칙적으로 나눠서 하기보다 단숨에 모든 에너지를 집중해서 빠르게 해결하기를 좋아한다. 앉아서 기다리지 않고 원하는 상황을 적극적으로 만들어 리드해간다. 어려운 상황일수록 추진력은 더욱 강해진다. 조직이 어려움에 처했을 때도 주저하지 않고 앞장서서 헤쳐 나간다. 이러한 힘을 바탕으로 대부분의 사람들이 해내기 힘든 많은 일들을 해낸다.

솔직함: 자기주장이 분명하고 솔직하다. 자신의 의견을 솔직하게 말하지 않는 사람은 비겁하다고 생각한다. 직설적이지만 뒤끝이 없다. 앞에서는 칭찬하면서 뒷말하는 사람은 가까이하지 않는다. 위선을 참지 못한다. 잘못을 했을 경우, 인정하면 가볍게 넘어갈 수도 있다. 하지만 변명이나 거짓말을 한다면 화를 면치 못할 것이다.

직관력: 동물적으로 발달된 직감을 가졌다. 이성적 판단보다는 감각적인 느낌을 통해 의사 결정을 한다. 특히 최종 결정의 순간에는 정보나 자료보다 자신의 경험에서 나온 직감에 의존하는 편이다. 또한 감각이 예민하기 때문에 특유의 직관력으로 상대방의 숨은 의도를 잘 읽어낸다.

Weak Point

과도한 욕망: 만족이 없다. 항상 '더더더'를 원한다. '더 좋은 아이디어' '더 좋은 장소' '더 좋은 것'을 추구한다. 물건을 살 때도 유명 브랜드를 고르거나 큰 것, 전문가가 추천한 것, 비싼 것을 고른다. 그런 제품이 좋은 제품, 최고의 제품일 것이라는 생각에서다. 때로는 과도하다 못해 무모하기까지 하다. 건강하려고 운동을 하는 것인데, 적당한 수준에 만족하지 못하고 무리를 해서 건강을 해치는 경우도 있다.

강압적 태도: 자존심이 강해 타인에게 먼저 다가가지 않는다. 그

래서 무뚝뚝하고 거만해 보인다. 자기중심적이며, 의견이 충돌하면 사람들과 맞서 힘으로 이기려고 한다. 일단 싸움이 시작되면 공격적이고, 절대 뒤로 물러서지 않는다. 극단적이며, 모든 것을 자신의 뜻대로 통제하려는 독불장군 스타일로 주위 사람들을 주눅 들게 한다.

분노: 조급하며 참을성과 인내심이 부족한 편이다. 한두 번은 참지만 세 번째에 가서는 어김없이 화가 폭발한다. 특히 자신에게 동의하지 않을 경우 자신을 무시했다고 생각한다. 화가 나면 화산이 폭발하듯 무섭게 소리치고 동작이 커진다. 그러나 분노를 터뜨리고 나면 언제 그랬냐는 듯 한순간에 식어버린다.

가슴형적 장형 〈화합가형〉
: 평화를 추구하고 조화를 이루려는 사람

별　　　명	: 순둥이, 미련 곰탱이, 부처님, 나무늘보, 고집불통
상징동물	: 코끼리
대표인물	: 연기자 백일섭·주현·고현정·윤은혜, 아나운서 이금희, 개그맨 김준현·정준하, 정치인 정몽준, 야구감독 김인식

외모적 특징
튀지 않고 편안한 분위기에 얼굴이 둥글고 통통한 편이다. 눈매가 부드럽고 편안하며, 가만히 있을 때면 조용히 명상하듯 눈동자가 깊어 보인다. 대체로 체격이 크고 살집이 있어 둥글둥글한 느낌을 준다. 여자는 부드럽고 풍만한 몸의 곡선을 지녔고, 남자도 편안해서 옆집 아저씨 같은 인상을 준다. 복장은 정장보다는 튀지 않고 활동이 편한 것을 선호한다. 전체적으로 외모에 별로 신경 쓰지 않는 편이다.

말투

부드럽고 안정감이 있으나, 분명하지 않고 느릿한 말투. 느리고 부드럽게 말하며 목소리의 높낮이가 거의 없다. 단정적으로 말하기보다는 돌려서 표현하는 편이다. 항상 여러 가지 상황을 고려하고 있어서 자신의 의견을 빨리 조리 있게 말하지 못한다. 말투가 분명하지 않으며, 말꼬리를 흐리고 여지를 남겨둔다.

성격적 특징

Strong Point

포용력: 세상의 모든 것을 수용할 듯한 넓은 포용력으로 다른 사람들의 이야기를 잘 들어준다. 편견이 없으며, 문제의 다양하고 전체적인 측면을 고려하고, 상대의 입장에서 의견을 수용한다. 주위 사람들의 고민을 자신의 고민으로 여기며 조화를 이루려한다. 조건 없이 모든 사람의 중요성과 가치를 존중한다. 특히 힘들고 소외된 사람에게 다가가 고민을 들어주고 위로해준다.

배려심: 따뜻한 성품에 겸손하며 마음이 넓다. 상대방의 입장을

이해하고 배려하려고 노력한다. 남들 앞에 나서지는 않지만 뒤에서 자신의 역할을 묵묵히 하며 전체 일이 순조롭게 진행되도록 돕는다. 원만한 인간관계를 형성하며, 믿음직스럽고 안정되어 있다. 작은 그림보다 전체적인 그림과 상황을 읽는 능력이 있어 한쪽으로 치우치지 않도록 중재를 잘한다.

인내심: 어렵고 힘든 일을 묵묵히 잘 참아낸다. 또한 인내심과 끈기를 갖고 끝까지 밀고 나가는 뚝심이 있다. 회사가 어려움에 처하더라도, 최후의 순간까지 흔들림 없이 회사에 남아 자리를 지키는 사람이다. 어렵고 힘들수록 모른 척하지 않는다. 오랜 시간이 걸리지만 인내심을 바탕으로 확실한 성공을 이끌어내는 대기만성형 인간이다.

Weak Point

게으름: 할일을 뒤로 미루는 습관이 있다. 특히 다른 사람들을 챙기느라 정작 자신의 중요한 일들을 처리하지 못하고 미루는 경우가 많다. 여러 상황을 다 고려하고 남들을 배려하다 보면 정작 자신의 일은 뒤로 밀린다. 몸과 마음의 편안함을 유지하고자 새로운 일을 시도하지 않고, 변화에도 저항적이다. 도전을 하지 않고, 위험 요소를 피함으로써 성장의 기회도 잃기 쉽다.

갈등 회피: 갈등을 피하고 좋은 면만 보려 한다. 문제가 생겨도 해결하기보다 덮어둔다. 그러다 오히려 문제를 속으로 곪게 만들

기도 한다. 갈등으로 인해 다른 사람에게 피해를 입힐까봐 자신의 고통에 무감각해지기도 한다.

우유부단함: "뭐가 좋니?" "뭐 먹고 싶니?" 같은 질문을 하면 대체로 '아무거나'라고 답한다. 이것도 괜찮고, 저것도 괜찮으니 상대에게 결정을 떠넘기는 것이다. 또 생각이 너무 깊어서 일을 결정하는 데도 시간이 오래 걸린다. 그래서 주위 사람들이 답답해한다.

머리형적 장형 〈개혁가형〉
: 완전함을 추구하고 노력하는 사람

> **별   명** : 사감선생, 대쪽, FM, 잔소리꾼, 노력파, 완벽주의자
> **상징동물** : 황소
> **대표인물** : 연기자 이순재·전원주·유해진, 축구선수 박지성, 기업가 정주영, 대
>   통령 박정희·노무현

외모적 특징

얼굴형은 길거나 각진 사각형이며, 턱 끝이 뾰족하고 광대뼈가 두드러져 보이는 사람이 많다. 눈매는 눈꼬리가 약간 위로 올라간 듯한 일자형이다. 눈빛은 날카롭고 단호한 느낌을 준다. 손톱은 항상 깔끔하게 정돈되어 있다. 평소에는 무표정하며, 입을 야무지게 다물고 잘 웃지 않지만, 웃으면 순진하고 환한 표정으로

바뀐다. 체형은 표준형이며, 자세는 일자형으로 다부지고 바르다. 남녀 모두 수수하고 단정한 복장을 선호한다. 긴장하거나 당황하면 고개를 까닥까닥하거나, 눈을 깜빡이거나, 코를 찡그린다.

말투

남을 가르치거나 지적하는 말투. 목소리가 크고 빠르며 날카롭다. 본인이 말하고자 하는 바를 직선적으로 정확하게 이야기하는 편이다. 하지만 말투가 단정적이고 '~해야 한다' '~해' 같은 훈계조를 사용하기 때문에 듣는 사람 입장에선 혼나는 느낌이 든다.

성격적 특징

Strong Point

실천력: 모든 일에 솔선수범하며, 실행이 빠르다. 계획만 하고 실천하지 않으면 아무 의미가 없다고 생각한다. 일단 생각이 정리되면 바로 실행에 옮긴다. 그렇다고 아무것이나 빨리 실행하는 것은 아니다. 문제점을 찾아내고 개선하기 위해 발 벗고 나서는 것이다. 이들은 자신과 조직을 올바르게 개혁하고 이상적으로 발전시켜나간다.

완벽 추구: 자신과 타인의 결함을 찾아 완벽하게 개선하고자 노력한다. 조직을 더 나은 곳으로 만들기 위해 열심히 일한다. 완벽한 조직을 만들고자 자신이 만족할 때까지 개선을 반복한다. 현재의 부족한 모습을 개선하는 데 일가견이 있다. 그러나 자신이

완벽하다고 생각하지는 않는다. 완벽해지려고 끊임없이 노력하는 것이다. 타고난 노력파이며 근면함과 성실함으로 타의 모범이 된다.

준법 정신: 원칙과 규범을 잘 지킨다. 준법 정신을 바탕으로 사회악을 개혁해나간다. 원칙에 충실하고 모든 일을 공적인 기준에 맞춰 공정하게 처리하여 신뢰감을 준다. 자신의 양심과 정해진 규칙을 잘 지킨다. 자기관리를 매우 잘하며 자제력도 좋다. 전체의 이익을 위해 개인적인 욕망을 희생하고, 책임감 있는 태도를 보이며 자신과 잘 타협하지 않는다.

Weak Point

과도한 지적: 지나치게 꼼꼼하고 심각하며 날카롭다. 작은 실수도 그냥 지나치지 못한다. 잘못을 고쳐주기 위해 깐깐하게 지적한다. 개혁가형은 칭찬보다 비판에 능하다. 잘하는 것은 당연한 것이고, 못하는 것은 지적을 통해 고쳐줘야 한다고 생각한다. 비단 타인에게만 그러는 것은 아니다. 자신의 실수에 대해서는 남들보다 더 가혹하게 지적하고 개선하려 한다.

융통성 부족: 완벽을 추구하기 때문에 웬만해서는 마음에 드는 사람이 별로 없다. 매사를 '옳다' '그르다'로 평가한다. 무슨 일이든 원리원칙대로 처리하려 한다. 남녀노소 예외가 없다. 융통성이 없고 고지식하게 느껴진다. 모두가 평등하나 그 누구도 튀어

서는 안 된다고 생각한다. 그래서 남다른 생각, 새로운 발상, 창의
적 사고를 방해한다.

원칙 강요: 원칙에 어긋나면 자신뿐 아니라 타인까지 고치려 한
다. 하지만 알고 보면 모든 원칙이 아니라 자신이 동의한 원칙만
지키는 것이다. 그리고 그러한 자신의 원칙을 다른 사람에게 강
요하며, 자신의 기준에 맞지 않는 사람에게는 화를 낸다.

2. 가슴형

가슴형적 가슴형 〈협력가형〉
: 사랑을 추구하며 돕고 싶어 하는 사람

> **별　　명** : 도우미, 귀염둥이, 천사, 약방의 감초, 수다쟁이, 푼수, 동네 반장, 이장
> **상징동물** : 강아지
> **대표인물** : 연기자 송혜교·장서희·박보영·윤다훈·임현식, 가수 대성(빅뱅), 개
> 그맨 윤정수

외모적 특징
동글동글한 외모, 항상 웃는 얼굴, 기분 좋을 때는 활짝 웃고, 기
분이 나쁠 때는 어색한 웃음을 짓는다. 남자는 피부가 검은 편이
다. 여자는 수줍은 듯 양 어깨를 잘 모은다. 사람들을 대할 때 눈
을 깜박거리면서 재빨리 주변 눈치를 본다. 부드럽고 편안해 보

이는 니트나 셔츠 등을 즐겨 입는 수수한 옷차림이다. 크고 화려한 것보다는 작은 액세서리를 좋아한다. 남자는 목걸이를 하기도 하고, 여자는 아기자기한 머리핀을 좋아한다. 당황할 때 얼굴이 금세 빨개진다. 화가 나거나 마음에 안 드는 경우, 양미간을 찌푸리며 불쌍한 표정을 짓는다.

말투

다정하고 친절한 말투. 그러나 금방 흥분하기도 한다. 목소리는 부드럽고 상냥하며, 수줍은 듯 자기 입장을 말한다. 상대의 눈을 바라보면서 맞장구를 잘 친다. 타인의 변화에 관심이 많고 칭찬을 많이 한다. 자신이 원하는 바를 정확하게 이야기하지 못하고 돌려서 말한다. 곧잘 흥분하기도 하며, 목소리가 카랑카랑해지면서 상당히 공격적이고 감정적으로 변하기도 한다.

성격적 특징

Strong Point

친근감: 친절하고 싹싹해서 주위 사람들과 다정하게 이야기를 나누고 쉽게 친근한 관계를 맺는다. 대체로 생각 자체가 밝고 긍정적이며 주위 사람에 대한 칭찬과 격려를 잘한다. 모든 일에 적극적으로 참여하고, 거의 모든 사람과 친하게 지내기 때문에 사람들 사이를 연결하는 다리 역할을 한다.

공감 능력: 눈치가 빨라 상대방의 기분을 파악하고 맞춰줄 줄 안

다. 상대가 이야기할 때 그 사람에게 집중한다. 눈을 맞추거나 고개를 끄덕이고 "응, 그랬구나." 같은 맞장구도 잘 쳐준다. 감성이 풍부해서 다른 사람이 웃으면 같이 웃고, 울면 같이 운다. 표정만 보고도 그 사람의 감정을 짐작할 정도로 공감을 잘한다.

이타심: 타인을 먼저 배려하고 돕는 이타심이 있다. 주위 사람들에게 어떤 일이 일어나는지 파악하고 어떤 방식으로든 도움을 주려고 노력한다. 각종 기념일에는 가족과 동료에게 작은 선물을 건네고, 생일도 잘 챙긴다. 커피 한잔하며 요즘 힘든 일은 없는지 주변 사람들의 안부를 묻고 여러 모로 도움을 주려고 노력한다.

Weak Point

보답에 대한 지나친 기대: 남들에게 신경 써주는 만큼 자신에게 관심과 배려가 돌아오지 않을 때 매우 섭섭해 한다. 애정표현에 대한 욕구가 강해서, 자신이 준 도움에 대한 작은 애정표시나 감사의 인사를 원한다. 상대방이 고마움을 제대로 표현하지 않으면 상처를 받는다. 때로는 히스테리가 심해지고, 공격적으로 돌변하기도 한다.

지나친 참견: 자신은 돕는다고 하지만 친절함이 지나쳐 친구나 가족, 동료들에게 참견과 간섭이 심하다는 느낌을 준다. 모른 척 해주었으면 하는 개인적인 사생활에 대해서도 질문하며 파고든다. 서로에 대해 많이 알수록 친하다고 생각해서다. 집에서도 가

족들의 개인적인 영역을 침범하며 참견하고 잔소리한다.

아첨: 조직 내에서 힘이 있거나 인기가 있는 사람들에게 꼭 필요한 조력자가 되려고 노력한다. 친구들 사이에서도 마찬가지다. 가장 인기 있는 친구와 친해지고 싶어 한다. 그 사람에게 환심을 사고자 애정 공세, 선물, 감언이설 등 다양한 방법을 동원한다. 자신이 원하는 사람들을 내 편으로 만들기 위해 친분을 이용하여 교묘하게 사람을 조종하고 독점하려 한다.

머리형적 가슴형 〈성취가형〉
: 성공을 추구하고 능력을 키우려는 사람

별　　명 : 엘리트, 카멜레온, 슈퍼맨, 아나운서, 워커홀릭, 기회주의자
상징동물 : 독수리
대표인물 : 방송인 박경림, 가수 비·유노윤호·전진, 아나운서 백지연, 요리연구가 에드워드권, 정치인 정동영, 야구선수 박찬호

외모적 특징

깔끔하고 세련된 이미지, 자신만만하고 당당한 이미지를 갖고 있다. 눈매는 독수리처럼 안쪽 끝이 아래를 향하고 있으며 날카롭다. 평소에는 눈웃음이 넘치지만, 일할 때는 매서운 눈빛이 된다. 눈동자를 좌우로 굴리면서 상대의 의도와 전체적인 상황을 파악한다. 매력적이고 절제된 미소를 띠고 있으며, 가끔 가식적으로

느껴진다. 체격은 크지 않아도 남자는 다부지고 여자는 야무진 느낌이 든다. 자세가 바르고 정중하며, 복장은 깔끔하고 세련된 정장 스타일을 좋아하지만, 분위기에 따라서 다양하게 연출한다.

말투

자신만만하고 당차고, 종종 상대를 무시하는 말투. 말이 빠르고, 세련되며 자신감이 넘친다. 목소리가 크진 않지만 발음이 좋아서 명확하게 의미를 전달한다. 중요한 사람에게는 싹싹하나, 중요하지 않은 사람에게는 무시하거나 가르치는 말투를 쓴다. 바쁠 때는 귀찮아하는 듯한 말투를 사용한다.

성격적 특징

Strong Point

목표 관리: 성공을 향해 나아가는 성취가형은 목표 지향적이고 유능하며 일을 효율적으로 한다. 크고 작은 목표를 세우고, 목표를 달성하기 위해 계획을 세워 빠르게 추진한다. 한 번 목표가 정해지면 뒤돌아보지 않는다. 목표한 지점에 닿을 때까지 앞으로 나아갈 뿐이다. 어려운 상황에 부딪혀도 차분하고 과감하게 목표한 일들을 처리한다. 업무뿐 아니라 일상생활에서도 효율적인 시간 관리를 위해 스케줄을 철저히 짜는 편이다.

융통성: 임기응변이 뛰어나 예상대로 일이 진행되지 않아도 당황하지 않고 상황에 맞춰 적절히 대응하는 능력이 있다. 매우 민

첩해서 상대의 요구가 바뀌면 그에 맞춰 재빨리 전략을 수정한다. 어떻게 해야 자신이 원하는 결과를 얻을 수 있을지 본능적으로 알고 있다. 자신만만하고 긍정적이며, 정력적이고 의욕적이다.

인맥 관리: 자신을 발전시키려고 노력하며 폭넓은 인간관계를 형성하려고 노력한다. 인맥이 곧 재산이며, 자신이 원하는 일을 성취하는 데 도움이 될 것이라 생각하기 때문이다. 예의 바르고 매너 있는 태도로 다양한 모임에 참여하여 관계를 맺는다. 실제 전혀 친분이 없어 보이는 유명인물과 인맥을 형성하여 주위 사람들을 놀라게 하곤 한다. 다양한 분야의 사람을 만나고 그들을 잘 관리한다.

Weak Point

속임수: 성공하지 못하거나 성공하지 못한 것으로 보일까봐 두려워한다. 사람들에게 잘 보이기 위해 잘난 척을 하고, 자신의 모습을 거짓으로 연출한다. 자신을 숨긴 채 성공한 사람을 모방하고 그들처럼 행동하려 한다. 자존심을 지키고 더 큰 것을 성취하기 위해 끊임없이 거짓말을 하게 된다.

비교 심리: 성취가형의 성공은 나만의 성공이 아닌 남들이 인정하는 성공이다. 그래서 항상 다른 사람과 비교하며 지나친 경쟁의식을 갖는다. 그러다 일 중독이 되어 주위와의 관계가 소원해지기 쉽다. 심지어 친구나 사회에서 만난 동료가 아닌 나와 가장

가까운 가족(남편이나 아내)과도 비교하며 경쟁한다. 공부, 일뿐 아니라 건강을 위해 하는 운동도 주변 사람들과 비교하고, 그 밖에 소소한 일에서도 자신과 타인을 끊임없이 비교한다.

기회주의: '실패는 죽음'이라고 생각하는 성취가형은 경쟁에서 승리하기 위해 지름길을 찾는다. 원하는 바를 이루기 위해 원칙을 무시하기도 한다. 빨리 성취할 수만 있다면 수단과 방법을 가리지 않고 편법을 쓰기도 한다. 폭넓은 인맥을 목표 달성을 위한 도구로 보기도 한다.

배신 때린 '성취가형'

마케팅팀 '성취가형' 김 대리, '예술가형' 오 대리, '모험가형' 주 대리 셋이 모여서 신상품에 대해 이야기를 나누고 있다.

주 대리: 이번에 진행하는 신상품 말이야, 타깃이 잘못된 것 같아.
오 대리: 맞아. 방향이 잘못 잡혔어.
김 대리: 이 상품은 40대 주부한테 더 잘 팔릴 것 같은데, 우리 신상품은 혼자 사는 20~30대 초반 여성이 타깃이잖아. 오후 3시에 하는 회의 시간에 차장님에게 말씀드려서 타깃을 수정해보자.

이야기 끝에 주 대리가 '개혁가형' 차장을 흉 본다. "그나저나 우리 차장님, 너무 융통성이 없지 않아?" 그러자 김 대리와 오 대리도 "맞아. 꼭 원칙대로 하려고 한다니까, 답답해"라며 맞장구를 친다.

드디어 오후 3시. 회의가 시작되었다. 주 대리와 오 대리가 신상품 타깃에 대해 조정이 필요하다는 의견을 제시하자, 차장은 원래 타깃이 정확하다며 이들의 의견에 맞선다. 한창 갑론을박이 오가는데 김 대리 혼자 입을 꾹 다물고 침묵을 지키고 있다. 그러고는 차장이 "김 대리 의견은 어때요?"라고 묻자 "제 생각에는 원래 타깃대로 가는 게 맞습니다"라고 답한다.

순간 오 대리와 주 대리는 김 대리를 쳐다보며 어이없다는 표정을 짓는다. 회의를 마치고 나온 오 대리와 주 대리는 김 대리에 대한 배신감에 화가 나 있다.

성취가형은 자기 의견이 따로 있어도 상사가 A라고 하면 자신도 A라고 생각한다면서 맞추는 경향이 있다. 상사에게 인정받아 성공하려는 욕구가 강하기 때문이다. 함께 있는 다른 유형의 사람은, 겉과 속이 다른 그 모습을 보고 배신감을 느낀다.

장형적 가슴형 〈예술가형〉

: 남과 다른 특별한 존재가 되고 싶은 사람

별　　명 : 왕자, 공주, 연예인, 멋쟁이, 새침데기, 삐딱이, 4차원, 아웃사이더

상징동물 : (낭만) 고양이

대표인물 : 연기자 엄정화·장미희·전지현·장근석·김수현·차승원, 성악가 조수
미, 가수 서태지·박진영·바다·싸이·GD·태양·탑, 디자이너 앙드레
김·이상봉, 소설가 이외수, 요리연구가 이혜정, 격투기선수 추성훈

외모적 특징

전체적으로 자신만의 개성이 뚜렷해서 외모가 독특하다는 소리를
많이 듣는다. 미남, 미녀가 많다. 그렇지 않은 경우라도 스타일이 좋
아 사람을 끄는 매력이 있다. 그윽하고 촉촉한 눈과 정면을 응시하
지 않고 먼 곳을 바라보는 듯한 시선이 특징이다. 자세도 15도 혹
은 45도 사선을 유지한다. 복장은 딱히 한 가지로 규정할 수 없을
만큼 다양하다. 고급스럽고 화려한 복장을 선호하는 타입이 있고,
자유분방하고 약간은 허름해 보이는 옷을 즐겨 입는 타입도 있다.

말투

말이 느리며 리듬감이 있다. 조용하고 느릿한 어투에 말꼬리를
약간씩 끄는 편이다. 남자는 목소리 톤이 중저음인 경우가 많다.
말하기 전에 '음……' '저기……'처럼 뜸을 들이며 분위기를 잡는
다. 남들이 쓰지 않는 색다른 표현과 타인의 말에 반어적인 표현
을 자주 사용한다. 말투는 기분에 따라 크게 차이를 보이는데, 화

가 나면 냉소적이거나 히스테릭해진다.

성격적 특징

Strong Point

독창성: 상상력이 풍부하고 창조적이며 독창적이다. 틀에 얽매이지 않고 자유롭게 생각하고 표현한다. 자신만의 독창성으로 유행을 선도하고, 새로운 문화를 만들어낸다. 창조적인 활동을 위해 혼자만의 시간을 갖는 것을 즐긴다. 자기가 하는 일에서 최고의 자리에 오르고 싶은 열정과 강한 승부 근성이 있다. 일을 할 때 집중력을 가지고 완벽하게 마무리한다.

미적 감각: 예술가형은 뛰어난 미적 감각을 지녔다. 그 능력을 바탕으로 패션, 헤어, 인테리어 등 디자이너로 활동하는 사람이 많다. 예술 분야 종사자가 아니더라도 타고난 미적 감각으로 자신을 아름답게 잘 꾸민다. 그래서 주변 사람들에게 '패셔니스타'로 불린다. 그중에서도 취향이 매우 뚜렷한 사람은 난해한 패션으로 이목을 집중시킨다. 다른 사람들이 이해하지 못하더라도 스스로 만족하며 독특한 개성을 뽐낸다.

매력과 센스: 함께하는 사람들과의 관계와 감정을 중요시한다. 먼저 다가가기보다 자신의 매력을 이용해 상대가 다가오게 만든다. 부드럽고 따뜻하면서 가족적인 분위기를 만든다. 공식적인 관계에서도 인간적인 교류를 잘 이끌어낸다. 상대의 마음을 잘

헤아리며 격려를 잘한다.

시기심: 질투와 시기심이 강해서 같은 분야에 자신보다 유능한 사람이 있으면 이기려고 하거나 미워한다. 자신이 판단했을 때 유능하지 않은데 자신보다 인정받으면 강한 질투심을 느낀다. 또 다른 사람의 결과물이 자신의 것보다 우월하다고 느끼면 기분이 나빠져 심술을 부리기도 한다. 자신에게 관심을 가져주기를 기다리고, 그 뜻이 이루어지지 않으면 히스테릭한 태도로 주변 사람들을 불편하게 한다.

우월주의: 예술가형은 자신을 평범한 보통 사람들과 다르다고 생각하는 우월감을 가지고 있다. 규칙이나 틀에 얽매이는 것을 싫어해서 자신이 원하는 대로 자유롭게 행동하려 한다. 자신이 하고 있는 일을 '작품'이라고 여겨 누군가가 수정하려고 들면 날카롭게 반응한다. 누구든 자신의 개성과 주장을 누르려고 하면 강하게 저항한다. 자기만의 방식을 고수한다.

감정 기복: 까다롭고 민감한 편이어서 사소한 일을 크게 부풀려 해석하는 경향이 있다. 감정 기복이 심해서 하루에도 몇 번씩이나 기쁨과 슬픔, 우월감과 질투 같은 극과 극의 감정 사이를 오간다. 때때로 우울 증세를 보이기도 하고, 자기중심적인 생각에 빠져 고집을 부리기도 한다.

3. 머리형

머리형적 머리형 〈탐구가형〉
: 지혜를 추구하고 관찰하는 사람

별   명 : 교수, 똘똘이, 책사(제갈공명), 여우, 리모컨, 구두쇠, 전략가
상징동물 : 부엉이
대표인물 : 프로바둑기사 이창호, 방송인 왕영은, (전 프로게이머) 홍진호, 영화감
         독 임권택, 개그맨 전유성·정형돈·김제동·송은이, 정치인 안철수, 기
         업가 이건희

외모적 특징

얼굴형은 둥글넓적한 오각형이고, 체구에 비해 머리가 큰 편이
다. 얼굴은 대체로 통통하며, 이마가 넓다. 여성의 경우 피부가 까
무잡잡한 편이다. 늘 거의 무표정하며 화가 나도 약간 인상만 쓰
는 정도다. 일반적으로 멋을 부리지 않고 편한 니트나 단순한 디
자인의 옷을 선호한다. 옷의 색상도 눈에 잘 드러나지 않는 중간
톤을 좋아해서 수수한 느낌을 풍긴다.

말투

또박또박 이야기하나 무뚝뚝하고 감정이 없는 냉소적인 말투. 목
소리는 작은 편이지만, 분명하게 말하고, 간단하게 할 말만 한다.
자신도 모르게 어려운 단어를 사용하고, 반복해서 말하는 것을
싫어한다. 시종일관 무표정을 유지하며, 거의 입만 움직이면서

말한다. 다른 사람을 쳐다보거나 맞장구를 치는 일이 별로 없다. 대체로 말수가 적은 편이지만, 잘 아는 분야에 대한 이야기가 나오면 끝없이 말이 이어진다.

성격적 특징

Strong Point

논리력: '아는 것이 힘'이라고 생각하는 탐구가형은 객관적이고 논리적이며 판단력이 뛰어나다. 문제가 발생할 경우 원인을 밝히고, 앞으로 파생될 문제점까지 파악하여 해결책을 제시한다. 인과관계를 따져 논리정연하게 설명한다. 대체로 어느 한 분야에 전문가 수준의 지식과 식견을 가지고 있다.

예리한 관찰력: 타고난 지적 능력을 바탕으로 관찰하고 분석하기를 즐긴다. 복잡하게 얽힌 사건이라도 단번에 전체적인 상황과 핵심을 파악할 수 있는 놀라운 관찰력과 분석력을 지녔다. 이는 평소에 깊이 있게 관찰하고 생각하는 것을 즐기며, 겉으로 드러나는 현상에 그치지 않고 그 뒤에 숨은 핵심 원리를 중시하기 때문에 가능한 일이다.

감정 절제: 복잡하고 혼란스러운 일이 생겨도 감정을 절제하고 냉철한 이성으로 침착하게 문제를 해결하는 능력을 가지고 있다. 섣불리 판단하지 않으며 늘 객관적인 시각에서 바라본다. 쓸데없이 에너지를 낭비하는 것을 싫어하여 최소의 에너지로 최대의 결

과를 얻을 수 있는 전략을 만들어낸다.

Weak Point

인색함: 지적인 교만과 오만으로 자신이 팀 내에서 가장 똑똑한
사람이라고 착각하기도 하며, 새로운 자료 공유에 매우 인색하다.
또 자신의 통찰력과 의견을 내놓기 아까워한다. 한 번 손에 들어온
것은 웬만해서는 내놓지 않는다. 안 주고 안 받는 것을 선호한다.
치장하거나 필요하지 않은 물건에 돈을 낭비하는 것을 싫어한다.

편협한 시각: 자신이 꿰어놓은 논리가 완벽하다고 느끼기 때문에
자신의 의견이 옳다고 생각한다. 자신이 만든 렌즈를 통해 세상
을 바라보고 그것이 옳다고 결론을 내린다. 사람들이 자신의 논
리에 동의하지 않으면 냉소적인 태도를 보이며, 논쟁적으로 비판
하면서 신경전을 벌인다. 편협한 시각으로 다른 많은 부분을 놓
치게 된다.

행동력 부족: 계획을 세울 때는 여러 상황을 고려해서 완벽하게
짰는데, 실천해야 할 때 하기가 싫어진다. 행동력이 부족해 직접
나서기보다 한 발 뒤로 물러나 전략을 짜고 조정하려 한다. 인간
관계도 에너지 소모라고 여겨 사람들과 어울리기보다 혼자만의
시간을 즐긴다. 함께 참여하지 않아서 의사소통에 난항을 겪는
일이 다반사다.

'탐구가형' 의 배려

예술가형 사원이 일하다가 모르는 것이 있어 탐구가형 상사를 찾아갔다.

사원: 과장님, 이 부분을 잘 모르겠어요.
과장: 그런데?
사원: 네?

할 말을 잊은 그는 잠시 뒤 정신을 차리고 "그래서 이것을 좀 알려주셨으면 좋겠어요"라고 말한다.
그러자 과장이 책꽂이를 살피기 시작하더니 "여기." 하면서 책을 한 권 건네주는 것이 아닌가.
사원은 의아하다는 듯 과장을 쳐다본다.
과장이 말하길 "이 책에 있으니까, 책을 읽어보라구."
사원은 "아, 네……." 하고 자기 자리로 돌아온다.
사람이 찾아가서 부탁하는데 책 한 권만 달랑 던져주는 상사가 얄밉기만 하다.
"똑똑하면 다야? 왜 사람을 무시하고 난리야!"

탐구가형은 정보를 알려주는 데 인색한 편이다. 책을 중요하게 생각하기 때문이다. 탐구가형 딴에는 책을 빌려준 것 자체가 너무나도 '엄청난' 배려인 것이다.

가슴형적 머리형 〈모범생형〉

: 안전을 추구하며 대비에 충실한 사람

> **별　　명** : 모범생, 선비, 아씨, 현모양처, 의심쟁이, 안전점검반, 보수파, 충성파
>
> **상징동물** : 사슴
>
> **대표인물** : 연기자 이영애·전인화·김희애·한석규, 언론인 손석희, 아나운서 손범수, 대통령 박근혜

외모적 특징

전체적으로 차분하고 깔끔하다. 표정 변화는 거의 없지만, 늘 미소를 띠고 있으며 눈매가 선량해 보인다. 눈동자는 선하나, 근심과 걱정이 많아 보인다. 자세를 항상 올바르게 하면서도 약간 어깨를 구부리고 수줍은 듯한 태도를 취한다. 중간색 계통의 수수하면서도 격식을 차리는 보수적인 스타일의 옷을 즐겨 입어 단정하면서 딱딱한 느낌을 주기도 한다. 남성의 경우 2:8 가르마의 모범생 느낌을 주며, 여자의 경우 청순가련하다는 느낌을 준다.

말투

차분하고 신중하나, 매사에 수심이 가득한 말투. 대체로 작은 목소리로 차분하고 신중하게 이야기한다. 그러나 감정을 절제하기 때문에 정감이 부족하고, 딱딱해서 사무적인 느낌을 준다. '만일'에 대한 걱정이 많고, '이렇게 되면 어떻게 하지?'라는 식으로 부정적인 말부터 꺼내는 경향이 있다. 합리적이지 못한 일이나 자신의 책임에 관한 일에는 예민해지면서 공격적으로 변한다.

성격적 특징

Strong Point

신중함: '돌다리도 두드리고 건넌다'는 속담처럼 의사결정을 할 때 신중에 신중을 기한다. 자신이 한 약속은 무슨 일이 있어도 지키려고 하기 때문에 더욱 그렇다. 개인정보나 회사 기밀이 유출되지 않도록 보안 유지에 힘쓴다. 보험, 연금 등 미래의 생계를 대비한 저축에도 신경을 쓴다.

위기대처 능력: 자신과 자신이 속한 조직을 더욱 안전하게 만드는 데 책임감을 느낀다. 그래서 불확실한 미래에 안전하게 대비하기 위해 늘 준비하고 있다. 항상 최악의 경우를 생각하며 미리 대비하기 때문에 갑작스러운 위기 상황에 대처하는 능력이 뛰어나다. 평소에는 소극적으로 보이나 위기가 오면 과감하게 어려움을 헤쳐 나간다.

헌신: 신용과 예의를 중시하고, 성실하고 겸손하며 책임감이 강하다. 자신이 믿는 친구나 가족, 직장, 동료에게는 따뜻해지려는 온정주의가 있다. 이들에게 헌신하며, 할 수 있는 한 최선을 다한다. 절대로 먼저 배신하지 않는다. 자신의 믿음을 끝까지 지키려고 노력한다.

Weak Point

불안감: 자신을 둘러싼 환경이 위험하다고 생각하여 근심과 걱

정에 휩싸이고, 끊임없이 상황을 점검하려고 한다. 예상되는 위험 요소를 면밀히 조사하고 걱정하느라 주위 사람들까지 지치게 한다. 잘될 것이라고 기대하기보다 안 되면 어떻게 할지를 걱정한다. 체력도 약하고, 고민이 많아 늘 피로에 절어 있다.

지나친 의심: 사람을 쉽게 신뢰하지 않고, 경계심이 많아 의심한다. 진실은 감춰져 있다고 생각하고, 겉으로 드러나지 않는 숨은 의도를 알아내려고 한다. 때로는 도가 지나쳐 자기 자신까지도 의심한다. 자기 확신이 부족해서 의사결정을 해야 할 때도 잘못 생각한 것은 없는지 계속해서 고민만 하고 결정을 미루려 한다.

보수성: 새로운 것을 받아들이기 힘들어하며, 평소에 하던 대로만 하려는 습성이 있다. 주변에 더 좋은 시설이 생겨도 먼저 이용하던 익숙한 곳을 찾는다. 상사는 상사다워야 하고, 부하는 부하다워야 한다고 생각한다. 자기 역할에 충실해야 한다고 생각하는 것이다. 그래서 튀는 것을 이해하지 못한다. 보수적인 성향이 있어 창의력과 사고의 유연성이 떨어진다.

장형적 머리형 〈모험가형〉
: 행복을 추구하며 즐거움을 좇는 사람

> **별　명** : 덜렁이, 촉새, 얼리어답터, 팔방미인, 날라리, 재치꾼
> **상징동물** : 원숭이
> **대표인물** : 개그맨 유재석·이경규·신동엽·유세윤, 가수 이효리·타블로·태연,
> 　　　　　 연기자 이민호·차태현·김희선·김정은, 방송인 은지원, 스케이트선
> 　　　　　 수 김연아

외모적 특징

얼굴이 동글동글하고 통통한 사람도 있지만, 전반적으로 마른 체형이 많다. 얼굴, 팔, 다리, 손가락 등이 길쭉길쭉한 편이고, 치아가 돌출된 사람이 많다. 피부는 남녀 모두 대체로 까만 편이고, 얼굴은 호기심과 장난기가 가득한 짓궂은 표정이다. 눈치를 살피느라 눈동자를 잘 굴리고, 눈꼬리가 살짝 아래로 처졌으며, 여성의 경우 눈웃음이 있다. 기분 좋을 때는 얼굴에 화색이 돌고 눈이 반짝반짝하나, 평상시에는 차갑고 냉랭하다. 지루해지거나 힘들어지면 인상을 쓰거나 무표정한 얼굴이 되어버린다. 안정감이 부족해 앉아 있을 때 다리를 떨거나, 볼펜을 돌리거나 물기도 한다. 가볍고 활달한 스타일의 옷을 선호한다.

말투

경쾌하고 명랑하지만, 예의 없고 톡톡 쏘는 말투. 따발총 쏘듯이 말이 빠르고 톤이 높으며, 표정이 풍부하다. 재미를 위해 부풀려

서 말하기도 한다. 그래서 주위 사람을 즐겁게도 하지만, 어조가 가볍고 진지하지 않으며 농담이나 장난이 잦아 예의 없다는 얘기를 듣기도 한다. 기분이 틀어지면 비아냥거리거나 상대를 공격하는 말투가 된다.

성격적 특징

Strong Point

팔방미인: 호기심과 관심이 많아 빠르게 배우는 편이며, 응용력도 좋다. 일 처리가 빠르고, 동시에 여러 가지 일을 처리하는 능숙한 멀티 플레이어다. 또 자신이 알고 있는 것을 타인에게 알려주는 것을 좋아한다. 놀 때도 신나게 잘 논다. 경험하고 싶은 일들이 많아서 여가 시간에도 다양한 취미 활동을 즐긴다.

아이디어 뱅크: 새로운 환경에 적응을 잘하고, 새로운 일을 즐기며, 흥분을 주는 모험을 시도한다. 새로운 것에 대한 실험 정신이 투철하다. 최신 유행과 소비 트렌드를 빠르게 포착하고, 풍부한 아이디어를 더해 기획안을 만든다. 계산과 두뇌 회전이 빠르며, 순간순간 번뜩이는 아이디어가 넘친다.

낙천성: 매사를 낙천적으로 생각하며, 명랑하고 쾌활하며 활기차다. 어려움이 닥쳐도 잘될 것이라고 낙관한다. 오랫동안 고민하는 것이 오히려 시간 낭비라고 생각한다. 다른 일에 몰두하며 부정적인 생각은 빨리 털어버리고 새롭게 다시 시작한다. 잘 웃

고 재치가 넘치며, 유머감각이 뛰어나다.

Weak Point

산만함: 하고 싶은 일이 너무 많아 항상 분주하다. 재밌게 시작한 일도 지루하게 반복되면 곧 밀쳐내고 관심사를 다른 곳으로 옮긴다. 새로운 것을 보면 흥분해서 하고 있던 일에 집중하지 못한다. 순간순간 궁금한 것을 참지 못한다. 앉아 있을 때 수시로 다리를 떤다. 자신은 집중하고 있는 것인데 주위 사람들은 정신 사납다고 말한다.

진지함 부족: 격식이나 틀에 구속받는 것을 싫어한다. 진지함과 깊이가 부족하고, 충동적이며 자제력이 약하다. 헛된 계획이나 공상에 빠져서 비현실적이 되기도 한다. 지루하고 골치 아픈 문제, 현실적이고 세부적인 사항에는 크게 관심을 두지 않는다. 고요하고 엄숙하고 심각한 분위기를 견디기 힘들어한다.

뒷심 부족: 여러 새로운 것을 체험해보려는 욕심에 시작한 일을 제대로 끝맺지 못한다. 또 싫증을 잘 내서 하던 일을 끝까지 마무리하지 못한다. 인내심과 끈기가 부족해서 업무를 얼렁뚱땅 마무리 지으려는 습성이 있다. 그러고는 쉽게 자기합리화를 하기도 한다. 그래서 무책임하다는 말도 종종 듣는다.

Episode

모험가형의 실수

문서를 작성하다 보면 오타가 생기기 마련이다.
9가지 유형 중 모험가형은 오타가 자주 발생하는 유형이다.

모험가형인 이 대리가 보고서를 작성하고 있다.
보고서를 작성하다가 잘 안 되자 다른 업무 파일을 띄워 작업을 한다.
또 지루해지자 다른 작업을 한다.
얼마 후 다시 보고서를 작성하고 있다.
보고서를 다 작성하고 마무리가 잘되었는지 확인한 후 출력을 해 보스형인 상
사에게 보고서를 내밀었다.
그런데 보고서를 읽어보던 상사가 얼굴을 찡그린다.
보고서에 오타가 제법 있었기 때문이다.

상사: 이게 뭔가? 오타가 하나도 아니고, 대체 몇 개야?
이 대리: 아, 그래요? 제가 읽어보고 확인해서 출력한 건데…….
상사: 일을 두 번 안 하게 확실히 좀 할 수 없나? 오타가 난 게 한두 번인가?
　　　앞부분만 살펴보지 말고 끝까지 확인을 하란 말이야. 다시 해 오게!

모험가형의 일 처리 속도는 전체 유형 중 가장 빠르다. 하지만 오타를 낸다든
지 무언가를 빼먹는다든지 하는 실수를 한다. 보스형과 개혁가형은 이런 실수
를 용납하지 않는다. 이들은 일에 완벽을 기하는 성격이기 때문이다.

모험가형의 실소

모험가형인 덜렁이 윤 대리, 오늘도 어김없이 사고를 쳤다.

산만하게 다른 곳을 쳐다보면서 커피를 들고 가다가 이미지를 중요하게 여기는 성취가형인 장 대리의 옷에 커피를 쏟은 것이다.

순간 장 대리는 너무 놀라 "어머! 이게 뭐예요?"라고 말한다.

윤 대리는 "미안해요"라고 말하는데, 자꾸 웃음이 나온다.

웃는 윤 대리 때문에 장 대리는 더 기분이 나빠진다.

"지금 이게 미안한 사람의 태도에요? 내가 우스워요?"라며 화를 낸다.

하지만 윤 대리의 웃음은 멈출 줄 모른다.

"하하하! 아니, 장 대리 미안해요. 하하! 근데 내가 정말 웃으려고 그런 게 아니라…… 아하하하하하……."

이에 장 대리는 "됐어요!"라 쏘아붙이고 기분 나쁘다는 듯 홱 돌아서 가버린다.

모험가형은 무섭거나, 놀라거나, 미안하면 자기도 모르게 웃기 시작한다. 고통스러운 상황을 견디지 못하는 모험가형의 무의식적인 반응이다. 웃으면 안 되는 상황인 걸 아는데도 멈추지 못한다. 그래서 모험가형은 다른 사람에게 오해를 많이 산다.

헷갈리는
유형을
구분하라

나와 상대의 성격 유형에 대해 이해가 되었는가? 그러한 과정 중에 혹시 두 개의 유형을 두고 고심했을 수도 있을 것이다. 그렇다면 다음의 비교 설명을 통해 확실히 파악하자. 통계적으로 봤을 때 흔히 혼동되는 유형이 있는데, 그 유형들의 공통적인 행동방식과 차이점을 알면 나와 상대의 성격을 제대로 판별하고 이해하는 데 도움이 될 것이다.

보스형 VS 성취가형

공통점
· 야심이 많고, 일 중독이다.
· 잘난 척하는 부분이 있으며, 경쟁심이 강해서 지고는 못 산다.
· 추진력이 있고 리더 역할 하기를 좋아한다.

차이점

① 보스형은 공사가 불분명하고 솔직한 성격 때문에 감정 조절을 잘 못한다. 화가 나면 얼굴에 감정이 드러난다. 성취가형은 공사가 분명하고 감정 조절을 잘한다.

② 보스형은 한 번에 한 가지 일을 집중해서 처리하는 편이다. 성취가형은 계획을 세워 일을 쪼개서 하는 편이다.

③ 보스형은 다른 사람을 지배하고 자신의 안정적인 지위를 확보하기 위해 성취하려는 욕구가 크고, 자신의 지위에 맞는 대우를 받고자 한다. 다른 사람의 힘을 빌리기보다는 자신의 힘으로 성취하려고 한다. 성취가형은 인정받기 위해 성취하려고 하며, 성취를 위해 인간관계를 활용한다.

보스형 VS 예술가형

공통점
· 다혈질적이며 감정을 절제하지 못한다.

· 폼생폼사, 고품격을 지향한다.
· 자존심이 강하고 예민하다.

차이점

① 보스형은 예민하고 다소 거친 느낌이지만 예술가형은 예민하고 섬세한 느낌을 준다.

② 보스형은 사랑, 고마움 등의 감정 표현을 어색해하지만 예술가형은 감정 표현이 자연스럽고 뛰어나다.

③ 보스형은 화가 나면 마치 화산이 폭발하는 것처럼 화를 낸다. 예술가형은 화를 낸다고 하지만 다른 사람이 느끼기에는 날카로운 신경질에 가깝다.

④ 보스형은 특별히 애정이 있는 부하 직원을 독립시켜 자생할 수 있도록 만드는 게 진정으로 위하는 길이라고 여긴다. 예술가형은 믿을 만한 부하 직원을 끝까지 곁에 두려고 한다.

보스형의 진짜 사표는 언제?

퇴근 시간이 가까워질 무렵, 보스형인 김 대리가 팀장에게 결재를 받으러 들어갔다가 한 소리 듣곤 화가 나서 씩씩거리면서 사무실을 나가버렸다.

그 모습을 지켜본 협력가형인 이 대리가 걱정이 되는 눈치로 김 대리를 쫓아 밖으로 나갔다.

김 대리가 결재 서류를 바닥에 내던지며 성질을 낸다.

"더러워서 못 해먹겠네. 자기가 상사면 다야? 당장 때려치우든지 해야지."

이를 바라보던 이 대리가 다가가서 어떻게든 도우려고 애쓴다.

"김 대리, 무슨 일인지 모르지만 김 대리가 참아."

김 대리는 이미 화가 머리끝까지 난 상태라 아무 말도 들리지 않는다.

"됐어. 팀장한테 무시당하느니 안 다니고 말지."

이 대리는 사무실로 돌아와서 다른 동료 사원들에게 이 소식을 전한다.

"어떻게 해. 내일부터 김 대리 출근 안 한대. 팀장님하고 한판 했나봐."

그래서 다들 김 대리가 사표를 내는 것으로 알게 된다.

다음 날, 화가 풀린 김 대리는 아무 일 없다는 듯이 출근했다.

그런데 사람들이 자신을 이상하게 쳐다보는 것 같다.

한 동료가 와서 묻는다.

"김 대리, 회사 그만둔다며?"

김 대리는 어이가 없어서 한마디 한다.

"무슨 소리야? 누가 그래?"

그리고 평소처럼 열심히 일한다.

보스형은 화가 난 것을 분출하고 나면 화가 가라앉으면서 이성을 되찾는다. 폭발할 때 무서워서 그렇지 가슴속에 담아두지 않는 스타일이다. 보스형이 화나서 그냥 한 말을 협력가형이 정말인 줄 알고 사람들에게 소문을 내서 일어난 해프닝이었다.

화합가형 VS 협력가형

공통점
· 긍정적이고 친근하다.
· 인간관계가 좋다는 소리를 많이 듣는다.
· 다른 사람에게 싫은 소리를 잘 못한다.

차이점

① 화합가형은 말이나 행동이 느린 편이고, 진지하며 묵직하고 듬직한 느낌을 준다. 협력가형은 생기발랄하고, 말이나 행동이 빠르다. 또한 아기자기하고 귀여운 면이 있다.

② 화합가형은 대체로 남의 일에 참견하지 않는 편이다. 주변 정보에는 관심이 있지만 남의 사생활에 대해서는 관심을 갖지 않는다. 협력가형은 항상 먼저 다가가서 관심을 보이며, 남의 일에 참견을 잘한다. 취향, 감정상태, 인간관계 등 남의 사생활에 대한 정보가 많고 다른 사람과 쉽게 공유한다.

③ 화합가형은 외부 환경보다는 자기가 원하는 것을 꾸준히 밀고 나가려고 한다. 협력가형은 어떤 상황에 대한 반응을 바로 표현하며, 외부 환경의 영향을 많이 받는다.

④ 화합가형은 상대가 싫어하는 것에 관심이 있다. 상대가 싫어하는 게 무엇인지 파악해야 갈등을 피하고 배려할 수 있다고 생각한다. 협력가형은 상대가 좋아하는 것에 관심이 많다. 상대가 무엇을 좋아하는지에 대한 관심이 있어야 서로 잘 지낼 수 있고 도움도 줄 수 있다고 생각한다.

개혁가형 VS 성취가형

차이점

① 개혁가형은 신용 있는 사람이 되길 원하고, 성취가형은 인기 있는 사람이 되길 원한다. 개혁가형은 약속을 잘 지키는 것을 중요하게 생각하고, 사람들의 교류에는 그다지 신경을 쓰지 않지만 성취가형은 사람들과 교류도 잘하고 친절하게 잘 다가선다.

② 개혁가형은 원칙을 중요하게 여기고, 성취가형은 효율을 중요하게 생각한다. 개혁가형은 다소 느리더라도 정석으로 일을 처리한다. 그래서 융통성이 없다는 소리를 듣는다. 반면 성취가형은 일이 빠르게 진행되길 바라기 때문에 임기응변과 융통성을 발휘한다. 필요하다면 편법도 사용한다.

③ 개혁가형은 맡은 일의 중요도에 상관없이 작은 일에도 책임감이 강한 반면, 성취가형은 중요하지 않다고 생각되거나 자신이 드러나지 않는 일은 대충 처리하려는 경향이 있다.

④ 개혁가형과 성취가형은 모두 계획을 중시하지만, 개혁가형은 간단하게 중요한 일만 체크해두는 반면 성취가형은 다이어리에 빽빽한 스케줄을 적으며 관리한다.

⑤ 개혁가형은 몸에 좋은 음식이나 조깅, 등산 등으로 건강관리

를 하지만, 성취가형은 헬스, 수영, 골프 등 인맥 활용에 좋은 운동으로 건강관리를 한다.

개혁가형 VS 모범생형

공통점
· 정직하고 성실하며 책임감이 강하다.
· 확실한 지침을 좋아한다.
· 의심이 많다.

차이점

① 개혁가형은 원칙, 규칙 등에 순종적이지만 모범생형은 자신이 속해 있는 조직 자체에 순종하며, 조직의 안전을 위한 일에 모든 초점을 맞춘다. 따라서 개혁가형은 조직에서 시키는 일일지라도 자신의 도덕적·원칙적 성향에 맞지 않으면 반발할 수 있지만, 모범생형은 자신이 신뢰하고 있는 조직이라면 두말없이 순종한다.

② 개혁가형은 업무 지시를 내리면 빨리 결정하고 곧바로 시행한다. 모범생형은 행동에 옮기기까지 생각을 정리하고, 계획을 수립할 시간을 갖는다.

③ 모범생형은 자신이 생각하고 있는 것을 쉽게 말해주지 않는다. 집요하게 물어보면 조금 알려주고 바로 입을 다문다. 개혁가형은 안 물어본 것까지 친절하게 설명해준다.

④ 모범생형은 속이 상하거나 화가 나도 그다지 표시가 나지 않

는다. 주로 속으로 쌓아두고 겉으로는 싫은 소리나 표정을 드러내지 않는 편이다. 그러나 마음에 들지 않는 것은 반드시 기억한다. 하지만 개혁가형은 다혈질적으로 화를 내다가도 상황이 수긍되면 금세 화를 누그러뜨리고, 마음에 담아두지 않는다.

⑤ 개혁가형은 잘못된 점을 계속해서 지적하여 개선하도록 돕는다. 하지만 모범생형은 사태를 관망하면서 속으로 참을 인忍자를 세 번 그리다가 곧 신경을 꺼버린다.

협력가형 VS 모험가형

공통점
· 긍정적이다.
· 다른 사람들을 즐겁게 해주는 분위기 메이커다.

차이점

① 협력가형은 타인의 감정을 소중히 여겨, 정성을 다해 챙겨주는 스타일이다. 모험가형은 다른 사람들에게 잘 대해주다가도 금세 싫증을 내거나 귀찮아하며, 자신에게 의지하는 느낌이 들면 즉시 냉정하게 대하거나 도망가 버린다.

② 협력가형은 말을 돌려서 우회적으로 표현하는 데 반해, 모험가형은 말을 직선적으로 한다.

③ 협력가형은 다른 사람의 시선을 중요하게 여기지만, 모험가형

은 타인의 시선을 그다지 의식하지 않는다. 옷을 입을 때도 협력가형은 남의 이목을 생각해서 너무 튀지 않게 입는 데 반해 모험가형은 자신이 입고 싶은 옷이 있으면 남의 이목을 끌더라도 꼭 입어본다.

④ 협력가형은 지루해도 끝까지 미소를 짓지만, 모험가형은 지루하면 산만해지고 딴짓을 한다.

성취가형 VS 모험가형

공통점
· 낙관적이고 외향적이다.
· 성격이 급하다.
· 일을 효율적으로 빠르게 처리하려고 한다.

차이점

① 성취가형은 예의 있고 정제된 모습인 반면, 모험가형은 발랄하고 톡톡 튀는 느낌이다.

② 성취가형은 일벌레라는 소리를 많이 들으며 항상 시간에 쫓기는 듯 일 처리를 빨리 한다. 모험가형은 노는 것에 관심이 많아서 다른 재미를 찾기 위해 일 처리를 빨리 한다.

③ 성취가형은 새로운 아이디어를 내기보다는 기존의 아이디어를 재수정하고 포장하는 능력이 있다. 모험가형은 성취가형에 비해 기존의 아이디어를 정리하는 요령이 부족하지만 항상 새로운

아이디어를 내놓을 수 있다.

④ 성취가형은 계획을 세우면 반드시 실천해야 하는 것으로 여기며, 마치 자신의 인생 선체를 스케줄링 해놓은 것처럼 행동한다. 반면 모험가형은 계획을 세우는 것 자체에 의의를 두며, 계획을 세웠더라도 언제든지 수정 가능하다고 생각한다.

예술가형 VS 모험가형

공통점
· 개성이 강해 어디서든 눈에 띈다.
· 호기심이 강하고 아이디어가 풍부하다.

차이점

① 예술가형은 완벽주의적인 성향을 갖고 있으므로 한 가지 일이라도 '명품'을 만들고 싶어 하며, 좀 더 깊이 있는 의미를 추구한다. 모험가형은 멀티 플레이어로, 여러 가지 일을 동시에 빠르게 처리하는 것을 좋아한다.

② 예술가형은 섬세한 감정에 의해 움직이며 감정의 기복이 있다. 모험가형은 감성이 건조하며, 감정이 아니라 에너지의 기복이 있다.

③ 모험가형은 유행을 잘 좇아가지만, 예술가형은 대세를 따르기보다 자기만의 스타일을 고집한다.

탐구가형 VS 모범생형

공통점
· 조용하고 냉정해 보인다.
· 프라이버시를 중요하게 여긴다.
· 지식과 정보에 대한 욕심이 강하며 박식하다.

차이점

① 탐구가형은 수더분한 느낌을 주고 모범생형은 예의 바르고 깔끔한 분위기를 풍긴다.

② 탐구가형은 해결책 위주의 시각을, 모범생형은 문제점 위주의 시각을 가지고 있다.

③ 탐구가형은 핵심 정보만 깊게, 모범생형은 다양한 정보를 넓게 확보한다. 모범생형은 여러 방면의 다양한 자료를 수집하는 데 힘을 쏟고, 탐구가형은 모은 자료를 통해 핵심 원리를 세우는 데 힘을 쏟는다. 탐구가형은 작업이 끝나면 그동안 모아온 자료들을 방치하지만, 모범생형은 자료 자체가 결론이라고 생각하여 모든 자료를 중요하게 취급한다.

보스형, 성취가형
VS
화합가형, 협력가형

점심식사를 마친 시각은 12시 40분, 아직 20분의 여유가 있다. 성취가형, 보스형, 협력가형, 화합가형이 휴게실의 탁구대로 향했다. 성취가형과 협력가형이 한 팀, 보스형과 화합가형이 한 팀이 되어 복식경기를 시작했다.

협력가형과 화합가형은 대화해가면서 즐겁게 주고받고 있다. 그러나 성취가형과 보스형은 누구한테 지고는 못 사는 타입이라 한 점 한 점에 목숨 거는 기색이 역력하다. 화합가형이 한 번 잘못 치면 보스형은 "그것도 제대로 못 쳐?"라고 한소리 한다. 협력가형이 실수하면 성취가형이 "거 잘 좀 해봐. 이러다 또 지겠네"라고 다그친다.

협력가형과 화합가형은 이해가 안 된다. 그냥 재미로 치는 거에 왜 그렇게 목숨을 거는지.

화합가형: 에이, 왜 그래. 그냥 남는 시간에 같이 어울리자는 건데. 그냥 좋게
　　　　　 좋게 넘어가.
보스형: 그럴 수 없어. 지면 네 책임이다.

게임 결과는 보스형 승! 성취가형 패!

성취가형: 한 판 더 해.
보스형: 무슨 소리야. 이제 1시야. 근무 시간이라고.
성취가형: 알았어. 그럼 저녁에 다시 해.
보스형: 저녁에 약속 있어.

협력가형: 에이. 다음에 또 하면 되지 뭐.

보스형과 성취가형은 승부욕이 굉장히 강하다. 친목도모를 위한 게임에서도 친목도모가 중요한 것이 아니라, 이기고 지는 문제가 더 중요하다.
두 유형은 한 번 지면 남몰래 연습을 해서 실력을 키운 뒤 재대결한다. 남들 보기엔 부질없는 승부욕일지 몰라도 그들에겐 나름 자존심이 걸린 중차대한 문제인 것이다.

Part 2.

상사, 부하, 고객
내 편 만들기

Chapter 1.

부하에게
동기부여하기

리모컨은
내 손 안에
있소이다

이번에는 상대의 성격 유형에 따라 어떻게 지시하고, 결재를 받고, 협조를 구하고, 칭찬과 충고, 고객 관리 등을 해야 할지 구체적인 솔루션을 살펴보자.

직장 생활에서의 문제는 대부분 심각한 이유보다는 작고 사소한 차이를 알지 못해 발생하는 경우가 많다.

"휴, 정말 언제쯤 이 생활을 면할 수 있을까?"

출근 시간부터 부딪힐 상사나 부하를 생각하며 한숨만 내쉬고 있는 것은 아닌지. 지금 다니고 있는 직장이 죽을 맛으로 느껴지지는 않는지. 직장 생활에서 느끼는 불편한 감정이 어디에서 오는지를 곰곰이 생각해봐야 한다.

또한 타고난 성격에 따라 업무 스타일이 다르다는 것을 알아야 한다. 타고난 성격이 9가지이듯 일하는 스타일도 9가지로 구분된다. 우리는 그동안 그 사실을 모른 채 한 가지의 자기 방식대로 최선을 다했을 뿐이다. 하지만 상대가 무엇을 원하는지 파악하지 못한다면 최선을 다해도 오히려 최악의 결과를 초래할 수 있다. 결국 그런 상대를 이해하지 못해 오해와 갈등이 생기면 서로 불편한 관계가 되거나 최악의 경우 좋은 직장을 그만두는 일까지 생긴다.

누구든 상대가 자기 방식대로 해주기를 원한다. 하지만 상대가 원하는 '자기 방식'이 무엇인지는 잘 모른다. 직장 생활에서 성격 유형에 따라 상대가 무엇을 원하는지 정확하게 알지 못한다는 뜻이다.

예를 들면 같은 쌀을 가지고도 다양한 요리가 가능하다. 밥을 지을 수도 있고, 죽이나 떡, 누룽지, 쌀국수, 떡볶이를 만들 수도 있다. 하지만 상대가 쌀국수를 원하는데 내가 죽을 준비했다면 상대가 만족할 리 없고, 상대가 밥을 원하는데 떡볶이를 해가지고 간다면 상대의 반응은 불을 보듯 뻔한 것이다.

타고난 성격에 따라 밥을 좋아하는 사람에게는 밥을, 죽을 좋아하는 사람에게는 죽을, 떡을 좋아하는 사람에게는 떡을 준비한다면 그 사람은 늘 칭찬받을 것이다. 아울러 직장 생활의 성공도 보장될 것이다.

이제 상대에게 눈을 돌려 상대를 관심 있게 살펴보자. 그리고 숨겨진 상대의 성격 버튼을 찾아라. 그 버튼을 찾아 누른다면 당신이 원하는 선명한 화면이 나타날 것이다. 리모컨은 당신 손 안에 있다는 사실을 명심하자.

자, 지금부터 직장 생활에서 일어나는 여러 가지 상황을 통해 상사와 부하, 그리고 고객의 숨겨진 성격 버튼을 찾아보자.

부하 직원에게
업무 지시하기

박 팀장은 아침부터 중요한 프로젝트를 처리 중이다. 이번 건을 신 대리와 분담하기로 한 박 팀장은 신 대리에게 업무를 지시한다.

"어이, 신 대리. 이번 프로젝트 건 기획 좀 해보지."

그런데 어째 신 대리의 표정이 뿌루퉁하게 부어 있다.

"아니, 왜 반응이 없어?"

'상사가 시키면 해야지 무슨 말이 많아?'라고 한마디 하고 싶은 마음이 굴뚝같다. 어떻게 지시를 내려야 신 대리가 기분 좋게 일할 수 있을까?

이렇듯 직장 생활을 하다 보면 부하 직원에게 일을 시키는 게 쉽지 않지 않을 때가 많다. 상사라고 마음대로 다 할 수 있는 것도 아니란 얘기다. 자칫 잘못하면 명령으로 들릴 수도 있고 조심스레 말하면 부탁하는 모양새가 되어버린다. 상사 입장에서는 부하 직원이 지시를 받고 불쾌하게 일하는 모습은 보고 싶지 않다. 그렇다고 부하 직원이 해야 할 일을 상사가 할 수도 없는 노릇이다. 부하 직원이 지시를 받고서 불쾌해하지 않고 기분 좋게 적극적으로 업무를 처리하게 할 수는 없을까?

지시를 하더라도 요령 있게, 부하 직원의 성격 유형을 파악하여 효과적으로 업무 지시하는 방법을 유형별로 찬찬히 뜯어보도록 하자.

9가지 성격 유형에 따른 업무 지시법

보스형 부하

효과적인 업무 지시법
"자네가 알아서 한번 해봐! 결과를 보자구!"

1. 일의 부분이 아닌 전체를 맡겨라

보스형 부하 직원에게 업무 지시를 할 때는 일을 통째로 맡겨야 한다. 일부분만 수행하라고 하면 보스형 부하 직원은 자신을 신뢰하지 못한다고 오해할 수 있다. 영역 구분이 모호한 일을 맡으면 독립적으로 영향력을 행사할 수 없으므로 추진력을 발휘할 수 없다. 또한 일의 감을 잡지 못하고 우왕좌왕할 수 있다.

2. 일에 대한 모든 책임과 권한을 주어라

보스형 부하 직원은 '내 것'이라고 느낄 때 폭발적인 에너지를 쏟아 일을 해내는 스타일이다. 따라서 일을 지시할 때 "모든 책임과 권한을 맡기겠네. 자네가 알아서 한번 해보게!"라는 식으로 말하고, 독립적인 영향력을 행사하도록 영역 구분을 확실히 해야 한다.

3. 중간 보고는 생략하고 결과만 보고받아라

보스형은 강한 추진력의 소유자다. 상사는 보스형 부하 직원에게 업무 지시를 내릴 때 그가 사무실에 앉아서 정보를 수집하고 중간 중간 일일이 보고할 것이라 기대해서는 안 된다. 업무 지시를 받으면 보스형 부하 직원은 일단 행동으로 옮길 가능성이 크다. 보스형은 상사의 업무 지시에 멍하니 앉아 있거나 굼뜨게 행동하는 건 상사에 대한 무시라고 생각한다. 그러므로 일을 지시받으면 행동으로 보여주어야 한다고 여긴다. 보스형은 과정보다 결과를 중시하는 스타일이므로 업무 지시를 내릴 때 결과를 확실히 점검하겠다는 의사를 밝혀야 한다.

화합가형 부하

효과적인 업무 지시법
"조직 전체를 위해 이 일이 꼭 필요해. 누구보다 자네의 역할이 중요하네."

1. 업무 지시 전에 업무량을 파악하라

화합가형 부하 직원에게 업무 지시를 내리기 전에는 먼저 업무량이 어느 정도인지 알아보아야 한다. 화합가형은 자신의 업무가 쌓여 있어도 전체를 위해 무리하게 일을 떠맡기 때문이다. 말을 못 하고 속으로만 끙끙 앓으며 자신을 학대하고 있을지도 모른다. 그러므로 업무 지시 전에 업무량을 파악하고 조율해야 한다.

2. '전체'를 위해 필요함을 강조하고, 조직 전체 내에서의 위치와 역할, 기여도를 상기시켜라

화합가형은 항상 '개인'보다 '전체'를 중요하게 여긴다. 따라서 전체 속에서 자신의 위치와 역할, 기여도가 명확할 때 전력을 다하는 스타일이다. 따라서 업무 지시를 내릴 때 전체 방향과 큰 그림을 그려주면서 '회사 전체를 위해서' 하는 일임을 강조한다면, 업무에 대해 납득하고 일을 추진해나간다. "조직 전체를 위해 이 일이 꼭 필요해. 누구보다 자네의 역할이 중요하네"라는 식의 표현이 효과적이다.

3. 지시를 내린 후에는 간섭한다는 느낌을 주지 마라

지시를 내린 후에 중간 중간 자주 찾아가서 확인하거나 간섭하면 화합가형 부하 직원은 '저 사람이 나를 못믿나?'라는 생각을 갖는다. '못 믿는데 일은 왜 시켜?'라는 생각에 잘하고 싶은 마음이 사라진다. 그래서 요식적으로 대충 할 만큼만 한다. 따라서 중간 점검을 하더라도 간섭한다는 느낌을 주지 않도록 주의해야 한다.

개혁가형 부하

> **효과적인 업무 지시법**
> "자네라면 완벽하게 해줄 거라고 믿네. 지금 바로 시작하지!"

1. 생각보다는 행동하게 하라

질질 끄는 것을 좋아하지 않는 개혁가형에게는 "바로 시작해"라는 말이 원동력이 될 수 있다. 오히려 "생각한 뒤 움직여"라고 말하면 부담스러워한다. 만약 상사가 업무를 지시하면서 "생각부터 해"라고 말하면, 개혁가형은 속으로 '뭘 생각해보라는 거야? 그냥 하면 되지'라고 중얼거릴 것이다.

2. 빠른 실천력을 칭찬하고 강조하라

개혁가형은 직접 체험을 통해 방향을 찾아가는 유형이기 때문에 생각하기 전에 바로 행동으로 옮긴다. 생각이 제대로 정리되지 않거나 자료가 완벽하지 않아도 일단 몸으로 부딪쳐 알아가면 된다고 여긴다. 그러므로 몇 번의 시행착오를 겪더라도 움직이면서 방향을 정해나가는 개혁가형의 스타일대로, 일이 주어지면 곧바로 행동으로 옮길 수 있게 지시를 내려야 한다. 빠른 실천력이 최대 장점인 개혁가형 부하 직원은 업무 지시가 떨어지자마자 신속하게 움직일 것이다.

3. 그의 완벽성을 신뢰하라

개혁가형에게 업무 지시를 내릴 때는 어디서나 솔선수범하는 개혁가형 부하 직원의 장점을 칭찬하면서 '완벽함'을 발휘해줄 것을 부탁하라. 더불어 그의 완벽성을 신뢰하라. 개혁가형은 시간 약속을 어기지 않는다. 지시가 떨어지면 분명히 마감일 전에 업무를 마칠 것이다.

협력가형 부하

효과적인 업무 지시법
"이번 일에는 자네가 정말 필요해! 도와줘야 하네."

1. 부드럽게 이야기하라

협력가형에게 '~해!'라는 식의 강압적인 지시는 기분을 상하게 할 수 있다. 그러므로 분위기를 화기애애하게 만들면서 "이 일을 꼭 해야 하는데, 어떻게 하지? ○○씨가 하면 좋지 않을까?"라는 식으로 부드럽게 이야기해야 한다.

2. 지시를 내렸어도 중간 중간 관심을 갖고 점검하라

협력가형은 상사가 지시한 일을 중간 중간 점검해주기를 원한다. 협력가형에게 지시를 내릴 때는 '일은 잘되어가고 있는지, 어려움은 없는지, 도와줄 것은 없는지' 자상하게 관심을 보여줄 각오가 되어 있어야 한다.

3. 개인적인 기대와 필요를 충분히 표현하라

협력가형 부하 직원에게 업무 지시를 할 때는 '개인적인 기대'와 '필요'를 표현하라. "이번 일에는 자네가 정말 필요해! 자네에게 많은 기대를 걸고 있네!"라고 말하면서 부탁하는 어조로 도움을 달라고 청해야 한다. 그러면 상사의 기대에 부응하고자 헌신적으로 일할 것이다.

성취가형 부하

> **효과적인 업무 지시법**
> "마음껏 능력 발휘를 해봐. 샘플은 자료실에 있을 거네."

1. 목표가 명확한 업무 지시를 내려라

성취가형은 업무 지시를 받을 때마다 '내가 점령해야 할 고지'가 어디인지 알고 싶어 한다. 일단 목표에 대한 스케줄을 보고받았다면 간섭하지 말고 "마음껏 능력 발휘를 해보게!"라고 사기를 북돋아줘라. 그 어떤 유형보다 '능력'에 대한 인정을 받고 싶어

하는 성취가형에게 이 말은 확실한 동기부여가 된다.

2. 지시를 내릴 때는 핵심만 간결하게

성취가형은 스케줄을 빡빡하게 짜놓는 스타일이므로 업무를 지시할 때 지나치게 길게 설명하면 짜증을 불러일으킬 수 있다. 해야 할 일에 대해서만 간결하게 설명하는 것이 좋다. 또한 업무와 관련된 숫자는 최대한 암기하고 명확한 숫자를 통해 지시하는 요령이 필요하다.

3. 아이디어나 샘플을 이용해 힌트를 주어라

성취가형은 있는 자료를 조합해서 정돈된 프레젠테이션을 만드는 능력은 뛰어나지만 무無에서 유有를 창조하는 건 매우 버거워한다. 업무 지시를 내릴 때 어떤 식으로 하라는 등의 아이디어를 줘서 업무를 성공적으로 이행하도록 도와주어야 한다. 스스로 창조하기보다는 기존의 아이디어를 조합해 새롭게 포장하는 능력이 뛰어나기 때문에 소스가 되는 아이디어나 정보를 준다면 상사를 보배로 여기며 어느새 의존하게 될 것이다. 만일 아이디어가 없다면 샘플을 보여주는 식의 힌트를 줘라. 그러면 성취가형은 있는 자료를 응용하여 마치 새로운 프로젝트인 양 기대 이상으로 포장하여 훌륭한 프레젠테이션을 보여줄 것이다.

예술가형 부하

1. '열정'과 '창조성'에 대한 기대를 표현하라

예술가형 부하 직원에게 업무 지시를 내릴 때는 특별한 칭찬으로 그의 열정과 능력을 자극하는 '진정한 기대'를 표현해야 한다. 예술가형 부하 직원은 뭔가 새로운 걸 기획하고 창조해내는 일이야말로 자신을 살아 있게 한다고 생각하므로 '기대'라는 말은 훌륭한 동기부여가 된다.

2. 개인적인 변덕으로 마감 시한을 놓치지 않도록 당부하라

예술가형은 업무를 진행하다가 지루해지면 하다 말기도 하고, 잘해오던 게 마음에 들지 않는다고 처음부터 다시 하겠다고 변덕을 부릴 수 있다. 변덕 때문에 마감 시한을 놓치기 일쑤이니 지시를 내릴 때 '시간 당부'를 할 필요가 있다.

3. 상사가 자신에게 지속적인 관심을 가지고 있다고 느끼게 하라

업무 지시를 내린 후에도 자주 격려하고 칭찬해야 한다. 그만의 독특하고 감각적인 아이디어에 감탄해주어라. 상사가 자신에게 지속적인 관심을 가지고 있다고 느낄 때, 예술가형 부하 직원은 몸 바쳐 일하고 싶은 열망과 자신감을 갖는다. 개인주의적이고 제멋대로인 면은 "도대체 왜 이래?"라고 정확히 지적하되, "다시 한 번 해봐. 자네 아니면 누가 하겠어?"라는 식으로 인정해주면서 업무 지시를 한다면 그 누구보다 독창적인 아이디어를 내놓을 것이다.

탐구가형 부하

> **효과적인 업무 지시법**
> "자네의 지식이 필요해. 팀원들과 함께 생각해봐. 1시간 후에 회의하지."

1. 업무에 대해 충분히 생각할 수 있는 시간을 주어라

탐구가형에게 업무 지시를 내릴 때는 충분히 생각할 시간을 주어야 한다. 무조건 "해봐!"라는 식으로 말하면 '강력한 지시'로 받아들여 매우 부담스러워하고 피곤해한다. 회의 소집 전이나 업무 지시 뒤에는 논리적으로 충분히 생각할 시간을 준 후 회의를 통해 업무 지시의 전반적인 내용을 파악하게 해야 한다.

2. 팀워크의 중요성을 상기시켜라

업무 지시를 내릴 때 팀워크의 중요성을 상기시킬 필요가 있다. 탐구가형은 '나 홀로' 업무 방식을 고집하는 경향이 있고, 그렇게 수집한 정보를 공개하는 것도 달가워하지 않는다. 그러므로 "독단적으로 결정하지 말라"는 당부를 해두는 것이 좋다.

3. 지식과 능력에 찬사를 보내라

탐구가형 부하 직원의 전문적인 지식과 능력에 찬사를 보내며 업무 지시를 하라. 겉으로는 무덤덤해 보이지만, 속으로는 무척 기뻐하며 힘들게 수집한 고급 정보와 능력을 기꺼이 제공할 것이다.

모범생형 부하

> **효과적인 업무 지시법**
> "회사를 위해서 이번 일은 꼭 성사되어야 해. 나는 자네만 믿네."

1. 신뢰할 수 있는 상사가 되어라

모범생형 부하 직원은 평소 신뢰하지 않는 상사에 대해서는 무시하거나 성의 없이 얼렁뚱땅 '배째라'는 식으로 나오기도 한다. 또한 믿는 상사라고 해도 감정적으로 업무 지시를 내리면 냉담하게 나올 것이다. 하지만 진심으로 신뢰하는 상사의 지시에는 다른 사람들이 보기에 불가능할 것 같은 터무니없는 일이라도 최대한 맞추려고 노력한다.

2. 신임하고 있다는 표현으로 '책임감'을 심어주어라

모범생형은 대체로 책임감이 강해서 맡은 업무의 책임과 권한, 조직 내의 역할을 논리적으로 환기시켜주면 임무를 충실히 해낸다. 그러므로 '신임'하고 있다는 표현으로 책임감을 주어야 한다.

3. 조직을 위한 일이라는 '사명감'을 자극하라

모범생형 부하 직원에게는 "조직을 위해 이 일은 반드시 성사되어야 하네. 나는 자네만 믿네!"라고 말하라. 자신이 속한 팀의 울타리를 지키고 헌신적으로 노력하려는 타고난 사명감을 자극하면 강한 책임감으로 업무를 수행할 것이다.

모험가형 부하

효과적인 업무 지시법
"일단 하고 싶은 대로 한번 해봐! 끝까지 정확하게, 마감일은 지켜야 하네."

1. '빠르고' '명확한' 업무 지시를 하라

모험가형 부하 직원에게는 번뜩이는 아이디어와 다재다능함을 인정하는 업무 지시를 내려야 한다. 어떤 내용이라도 좋으니 자신의 '끼'를 내놓아보라고 간결하게 지시하라. 모험가형에게 업무 지시를 내릴 때는 명확하게 해야 한다. 구구절절 설명을 하고 간섭하면 '직접 하지 왜 시켜?'라고 반발할 수 있다.

2. 책임감과 의무, 마감일을 정확히 상기시켜라

모험가형은 인내심이 부족하고 산만하여 일을 끝까지 마무리 짓지 못하는 경향이 있다. 책임감과 의무, 마감일을 상기할 수 있도록 부드럽게 이야기하는 게 좋다.

3. 번뜩이는 아이디어를 내놓도록 지시하라

모험가형은 새롭고 재미있는, 상식을 깨는 일을 좋아한다. 모험가형 부하 직원에게는 "하고 싶은 대로 해봐!"라고 말해서 번뜩이는 아이디어를 내놓도록 지시하라. 새로운 일은 참신함에 초점을 맞춰 설명하고, 일상 업무를 맡길 때는 미래에 대한 꿈과 희망을 심어줘라. 눈을 반짝이며 흔쾌히 받아들일 것이다.

모범생형 상사와
화합가형 부하 직원의 대립

모범생형인 양 부장이 화합가형인 강 대리를 부른다.

"강 대리, A사와 파트너십을 이루어 하는 일이 있는데, 이 일이 어떤 일이냐면……." 하면서 이미 다 알고 있는 이야기를 처음부터 끝까지 다 이야기한다.

"지금 이야기한 부분을 주의해서 강 대리가 추진해봐."

강 대리는 "네 알겠습니다." 하고 나간다. '부장님이 웬일이지? 나한테 이런 일도 다 시키고.' 좀 의아했지만 열심히 일하고 있는데 다시 양 부장이 부른다.

"강 대리, 바쁜가? 지시한 거 어떻게 되어가고 있어?"

강 대리가 진행 상황을 설명하자 갑자기 질문이 쏟아진다.

"A 문서는 안 보냈지? 그래. 알았네. 가보게."

얼마 후 또 부른다.

"강 대리, 어떻게 돼가나?"

강 대리가 상황을 설명한다. 강 대리의 설명을 들은 양 부장이 한마디 한다.

"지금 단계에서는 C까지만 추진해야 하네. 아직 D는 안 되네."

인내심 많기로 소문난 강 대리지만 조금씩 화가 치밀어 오른다.

'내 이럴 줄 알았어. 이럴 거면 그냥 자기가 하지 왜 나한테 시켜?'

화합가형은 일을 맡겼으면 마감일까지 믿고 기다려주기를 원한다. 하지만 모범생형은 자신이 하고 있는 일조차 제대로 되어가고 있는지 매번 의심하기 때문에 남에게 지시한 일은 더 불안해한다. 그러다 보니 자주 중간 점검을 하고, 아무나 할 수 있는 일만 다른 사람에게 지시한다. 그런 지시를 받으면 부하 직원은 자신을 못 믿는 것에 대해 화가 나기 마련이다. 이런 상황에서 화합가형은 더 잘할 수 있어도 딱 모범생형이 시키는 만큼만 일하고 만다.

Episode

개혁가형 상사의
지시 때문에

어느 외국계 회사에서 1박2일에 걸쳐 다양성 존중 교육을 진행한 적이 있다. 교육이 끝나고 30대 초반으로 보이는 여직원이 나에게 달려왔다. 다짜고짜 "너무 고맙습니다. 해결이 됐습니다"라고 말하는 것이 아닌가? 얘기를 듣고 보니 사건의 전말은 이랬다.

그녀는 벌써 1년째 정신과 상담을 받아왔다고 했다. 지금 하고 있는 일은 너무 좋은데, 상사와의 갈등이 심해서 정신과를 다니지 않고서는 직장 생활을 유지하기 어려웠단다. 그런데 교육을 통해 '왜 그 상사와의 관계가 유독 힘들었는지' 알았다는 것이었다.
유쾌하고 긍정적인 성격을 지닌 모험가형인 그녀는 완벽주의자인 개혁가형 상사를 만나 항상 지적을 받아왔다. 늘 좋게 해석하는 자신의 입장에서는 문제가 아니었던 일들이, 작은 실수도 용납하지 않는 개혁가형에게는 항상 큰 문제였다.
다시 말해 모험가형인 자신의 입장에서는 잘못한 것이 없는데, 잘못했다고 지적하는 개혁가형 상사가 도무지 이해가 되지 않았던 것이다. 이유 없이 매번 혼나는 것이 스트레스가 되었고, 탈모까지 진행되어 결국 정신과에 노크를 하게 된 것이다.

나는 모든 문제가 해결되었다며 고맙다고 말하는 그녀를 보면서 내가 하고 있는 일에 대한 중요성과 보람을 다시 한 번 느낄 수 있었다. 그리고 이런 생각을 했다. '만약 그 직원이 진작 성격 유형의 다름을 알았더라면 정신과를 찾는 일은 없지 않았을까?'

부하 직원
칭찬하기

팀장이 팀원들을 불러 모은다.

"자, 모두 여기 집중하세요. 이번에 김 대리가 어려운 프로젝트를 따냈어요. 고생한 김 대리에게 박수! 다들 축하한다고 한마디씩 해주세요."

사람들이 김 대리에게 몰려가 축하를 해주고, 팀장도 한마디 거든다.

"김 대리 수고했네. 다음 프로젝트에서는 또 다른 능력을 보여주게."

팀장이 사람들을 불러 모아 칭찬을 하는데도, 김 대리는 마음이 불편하기만 하다. 남들 앞에서 '티' 나게 칭찬해주는 것이 너무 부담스럽기 때문이다. 그리고 칭찬 후에 다음 프로젝트를 언급한 것도 마음에 걸린다. 다음에 또 다른 일을 더 시키려는 의미로 들리기 때문이다. 김 대리에게 어떻게 칭찬을 해주면 효과가 배가될 수 있을까?

"칭찬은 고래도 춤추게 한다"는 말이 있다. 선물을 하는 데는 비용이 들지만 칭찬은 단돈 1원도 들이지 않고 사람을 기쁘게 하는 최고의 선물이다. 이처럼 직장 생활에서 칭찬은 관계를 돈독하게 하고 동기부여를 하게 만드는 좋은 재료다. 하지만 무조건 칭찬을 많이 한다고 해서 반드시 좋은 것은 아니다. 각 성격 유형에 따라 칭찬의 방법과 효과가 다르기 때문이다. 모든 고래가 칭찬에 춤을 추는 것은 아니라는 말이다. 생각 있는 고래는 춤을 추지 않기도 하고, 화끈한 칭찬이 아니면 춤출 맛이 안 나는 고래도 있다. 또 나름대로 칭찬이라고 했는데 성격 유형에 따른 인식의 차이로 인해 갈등과 오해가 빚어질 수도 있다. 알고 칭찬하면 훨씬 행복한 직장 생활이 될 수 있다.

9가지 성격 유형에 따른 칭찬법

보스형 부하

효과적인 칭찬법
"역시 최고야! 어떻게 이걸 순식간에 다 해낸 거야?"

1. 짧고 굵게 칭찬하라

보스형 직원은 남들 다 보는 앞에서 큰 소리로 짧고 굵게 칭찬해 주는 것을 좋아한다. 별로 대단한 게 아닌데 그냥 입바른 칭찬을 하면 놀리는 것으로 받아들이기도 한다. 보스형은 '보스'라는 말답게 대단한 일을 해내는 것을 좋아한다. 정말 잘했다고 느껴질 때는 큰 소리로 여러 사람들 앞에서 칭찬하고 그 사람에게 더 많은 책임과 권한을 부여해주는 것도 좋은 방법이다.

2. 속도와 추진력을 칭찬하라

보스형 부하 직원에겐 업무 속도와 추진력에 대한 칭찬이 효과적이다. "역시 최고야! 어떻게 이걸 순식간에 다 해낸 거야?" "이 어려운 걸 이렇게 빨리 끝내다니, 신기록이네" "정말 대단해"라는 식의 칭찬이 좋다. 보스형 직원은 남들이 못 할 만큼 아주 어려운 일을 해냈을 때 칭찬받을 만하다고 생각한다.

3. 물질적으로 보상하라

보스형에게는 말로만 하는 칭찬은 의미가 없다. 물질적인 보상이나, 밥을 사주거나, 업무 영역을 늘리는 식의 보상이 좋다. 특히 직책이 높아지면 칭찬받았다고 생각한다. 그럴 때 자신이 한 일에 더 자부심을 느낀다.

화합가형 부하

효과적인 칭찬법
"자네가 있어 마음이 든든하네!"

1. '인품'과 '존재감'을 칭찬하라

"말이 통한다" "너한테 뭐든 다 말할 수 있을 것 같다" "너와 있으면 편하다"라는 식의 편안함과 신뢰감 같은 인품에 대한 칭찬이 좋다. 화합가형은 사실이 아닌 칭찬은 싫어한다. "네가 있어 마음이 든든하다" "넌 잘하잖아" "보는 시야가 넓어. 그런 것까지 생각하다니"라는 식의 상대를 인정해주는 존재감에 대한 칭찬을 좋아한다. 또한 일시적인 성공에 관한 칭찬보다는 "항상 열심히 한다"든가 "있을 땐 몰랐는데 없으니까 그 자리를 채울 사람이 없다"든가 하는 칭찬이 좋다.

2. 개인적으로 칭찬하라

화합가형에게 칭찬할 때는 개인적으로 하는 것이 좋다. 남들 앞에서 튀는, 모두가 주목하는 칭찬을 하면 불편해한다. 주목받는 것 자체가 어색하고, 자신 때문에 상처받을 사람이 있을까봐 걱정스럽기 때문이다. 따라서 개인적으로 진심을 담아서 "수고했어"라는 한 마디로 칭찬해주는 것이 좋다. 그러면 동료들과의 원만한 관계도 유지되고, 상사가 자신을 믿는다고 생각하여 더 열심히 일한다.

3. 가볍게 칭찬하라

칭찬받는 것을 쑥스러워하므로 장난스럽게 슬쩍 와서 하는 것도 좋다. "어, 오늘 멋진데. 어디 가?" "요즘 열심히 하고 있다며?" 하는 식으로 가볍게 하는 칭찬이 좋다.

개혁가형 부하

효과적인 칭찬법
"역시 자네밖에 없어! 완벽하네."

1. '믿음'과 '신뢰감'이 묻어 있는 칭찬을 하라

개혁가형 부하 직원은 칭찬을 받으면 당연한 일을 했을 뿐이라고 생각하고, 쑥스러워하는 편이다. 이럴 때는 "역시 김 대리야" "없어서는 안 될 사람이야" "무슨 일을 맡겨도 역시 믿음이 가"라는 식의 믿음과 신뢰감이 묻어 있는 말을 하면 좋다.

2. 입바른 칭찬은 하지 마라

개혁가형에게 칭찬할 때는 정말 잘한 일, 성과에 대해서 칭찬해야 한다. 외모에 관한 칭찬이나 입바른 칭찬은 칭찬이라 여기지 않는다. 자신이 한 성과보다 부풀려서 띄우는 칭찬도 싫어한다. 칭찬을 받아도 찜찜해한다. '더 잘하라는 거야, 뭘 얻어내려고 저러는 거야?'라고 생각하게 마련이다.

3. 완벽함에 대해 칭찬하라

맡은 일을 묵묵히 책임감 있게 완수하고, 두 번 손이 가지 않게 뒤처리를 말끔히 한 것에 대해 칭찬하라. "역시 자네 업무 처리는 확실하군"처럼 개혁가형에게는 완벽하게 일을 처리했다는 칭찬이 최고의 칭찬이다.

협력가형 부하

> **효과적인 칭찬법**
> "자넨 정말 성격도 좋고 일도 잘하는군!"

1. 꼭 필요한 사람이라는 '존재감'에 대해 칭찬하라

협력가형은 칭찬에 가장 약한 유형이다. 한 번 칭찬을 받으면 거기에 보답하기 위해서라도 더 열심히 일하도록 동기부여가 되는 유형이다. 협력가형이 가장 듣기 좋아하는 칭찬은 내가 남에게 꼭 필요한 사람이라는 느낌을 받는 것이다. "역시 자네가 없으면

안 된다니까, 분위기가 확 살잖아?" 이런 칭찬을 들으면 존재감
을 느껴 더 신이 나서 열심히 일한다.

2. 일의 성과뿐 아니라 '인간적인 면'도 칭찬하라

협력가형에게 칭찬할 때는 업무의 성과에 대한 칭찬뿐만 아니라
"자네는 정말 인재네, 어쩜 그렇게 성격도 좋고 일도 잘해?"처럼
인간적인 면을 함께 칭찬해주면 좋다. 그리고 "어쩜 그렇게 아는
사람이 많은가. 부럽네." 같이 인맥이 넓은 것에 대해 칭찬해주면
좋다.

3. 약간 오버하는 칭찬이 좋다

감탄의 눈빛과 함께 "우와! 어떻게 이렇게 할 수 있어?" "자네밖에
이 일을 할 사람이 없어." 등 약간 오버하는 칭찬도 좋다. 사람들
많은 곳에서 칭찬하면 쑥스러워하지만 속으로는 뿌듯해한다.

성취가형 부하

> **효과적인 칭찬법**
> "해낼 줄 알았어! 자네는 못하는 게 뭔가?"

1. '성과'와 '능력'을 칭찬하라

성취가형은 "넌 할 수 있어" "너라면 성공할 거야" 등 능력에 대
해 인정해주는 칭찬을 좋아한다. "자넨 어떻게 이런 것도 할 수

있나?" "못하는 게 뭔가?" "자네라서 완벽하군. 해낼 줄 알았어" 라는 식으로 성과와 능력을 칭찬하는 것이 효과적이다.

2. 공식적으로 칭찬하라

성취가형은 많은 사람들이 있는 공식석상에서 칭찬해주는 것을 좋아한다. 자신의 성과를 전체에게 알려서 많은 사람들에게 능력을 인정받을 수 있기 때문이다.

3. 진급이나 성과급 등 '성취욕'을 만족시켜줘라

성과급이 제일 좋다. 상은 두고두고 자랑할 수 있고 자기 만족감도 준다. 시시한 보상이나 칭찬은 자칫 성취가형의 의욕을 떨어뜨리거나 실망하게 만들 수도 있다. "그 정도만 해도 잘한 거야." 같은 말을 들으면 자기 능력의 한계를 인정하는 것처럼 여겨서 언짢아한다.

예술가형 부하

> **효과적인 칭찬법**
> "오, 짱이야! 자네 죽이는데!"

1. '감정'과 '느낌'이 들어간 칭찬을 하라

예술가형에게 칭찬할 때는 "오, 짱이야!" "죽이는데!" "이야!"처럼 감정이 담뿍 실린 칭찬이 좋다. 그냥 "잘했네!" 하고 마는 영혼 없는 칭찬은 싫어한다. 예술가형은 사실과 감정을 동일하게 느낀다. 자신이 한 일에 대해서 칭찬을 하거나 관심을 가지면 자신에게 호감이 있다고 느끼며, 반대로 자신이 한 일을 잘못했다고 지적하면 자기를 싫어한다고 느낀다. 예술가형은 자신이 정말 잘했다고 느끼면 상대의 말뿐 아니라 눈빛과 표정도 함께 살핀다. 진심 어린 칭찬인지 확인하고 싶기 때문이다.

2. 일이나 '작품'에 대해 칭찬하고, 존재를 인정해주는 칭찬을 하라

자신에 대해 칭찬하기보다 자신의 일이나 작품에 대해 칭찬해주는 것이 좋다. 그리고 보이는 것보다는 이면적인 것을 알아주고, 존재감을 인정해주는 칭찬을 해주는 것이 좋다. 예컨대 "너 때문에 분위기 산다!" "너만 할 수 있는 거야." 같은 말이 효과적이다.

3. 우회적으로 표현하라

어떤 표현이든 우회적으로 하는 것이 좋다. "오늘 예쁘네"라는 직접적인 표현보다 "누가 불 켰어?"라고 말한 뒤 상대가 "왜?"라고 물으면, "네가 들어오니 환해지네"라는 식으로 반응을 한 번 더 끌어내면 센스 있는 칭찬이라는 느낌을 줄 수 있다.

탐구가형 부하

1. '지적 능력'에 대해 칭찬하라

탐구가형은 "어떻게 그런 생각을 해냈지?" "역시 자네야. 시간 안에 스스로 알아서 해내는군." 하는 식으로 지적 능력과 업무 능력에 대해 칭찬받는 것을 좋아한다.

2. 간접적으로, 은근히 칭찬하라

탐구가형은 칭찬을 받고 나면 뭔가 '해줘야 한다'는 부담이 생겨 차라리 칭찬을 안 받는 게 낫다고 생각한다. 그렇기 때문에 탐구가형에게는 은근한 칭찬이 좋다. "자네가 1등이야"라고 하기보다 "100점 맞은 사람이 1명 있네." 하면서 자신에게 미소를 지어주는 편이 좋다. 자신에게 직접 칭찬하는 것보다는 자신이 자리를 비웠을 때 다른 사람들에게 자신의 칭찬을 해주면 좋아한다.

3. 개인적으로 칭찬하라

여러 사람 앞에서 칭찬하면 곤혹스러워하므로 일대일로 칭찬해주는 것이 좋다. 관심의 대상이 되는 것을 다른 유형에 비해서 부담스러워하는 편이다. 웬만해서는 관심의 대상이 되지 않으려 한다. 그래도 내면에는 자신의 능력을 인정받고 싶은 욕구가 있다.

탐구가형의
절제된 감정 표현법

협력가형 부하 직원이 차를 한 잔 타서 탐구가형 상사에게 건넸다.

"이것 좀 드세요."

탐구가형 상사는 눈도 안 돌리고 모니터만 쳐다보면서 "고마워." 하고 만다.

그러자 협력가형 부하 직원이 너무 속상해서 동료를 찾아가 하소연을 한다.

"어머, 팀장님이 어쩜 저럴 수 있어? 사람이 차를 타다 줬으면 최소한 사람을 쳐다보면서 고맙다고 말해야지, 자기 일만 계속하고 타다 준 사람 무안하게 얼굴 한 번 안 쳐다보냐. 어디 그게 고마운 거야? 내가 다시는 팀장한테 먹을 것을 가져다주나 봐라."

감정이 절제되어 있는 탐구가형은 "고마워"라는 간략한 핵심만 전달한다. 이것은 협력가형이 "어머, 이거 저 주는 거예요? 너무 고마워요" 하는 것과 똑같은 표현이다.

협력가형 부하 직원이 탐구가형 상사의 감정 표현 방식을 알았더라면 이렇게까지 속이 상하지는 않았을 것이다.

모범생형 부하

1. 간단하게 칭찬하라

모범생형에게는 일대일로 간단하게 "일 처리 잘했네"라며 감정을 섞지 않고 오버하지 않으면서 사실적으로 간결하게 칭찬하는 것이 좋다. 또는 당사자가 없는 곳에서 여러 사람들에게 그 사람의 칭찬을 해주는 것도 좋다.

2. '신뢰'하는 칭찬을 하라

모범생형은 "당신이 최고야"라는 식의 칭찬은 싫어한다. 최고라고 생각 안 하는데 그런 칭찬을 받으면 신뢰가 떨어진다. "믿음직한 사람이야" "자네에게 맡기면 신뢰가 가" "다음에도 부탁해"라는 식의 신뢰감이 묻어나는 칭찬이 좋다.

3. 성실함에 대해 칭찬하라

모범생형은 전체를 위해 자신을 드러내지 않으면서 성실하게 힘든 일을 소화해낸다. 열심히 일하면서도 자신이 잘하고 있는 건지 걱정한다. 그럴 때 상사가 "자네는 참 성실하군, 잘하고 있네"라는 식으로 칭찬해주면 매우 효과적이다.

모험가형 부하

1. 공개적인 칭찬은 피하라

모험가형은 활발하고 명랑하지만 기본은 머리형이기 때문에 시선이 집중되거나 공개적으로 칭찬받는 것을 무안해한다. 한 번 정도만 일대일로 간략하게 칭찬해주는 것을 좋아한다.

2. 웃으면서 농담 식으로 칭찬하는 것도 방법이다

모험가형에게는 재미있게 장난치면서 칭찬하면 부담이 줄어든다. "김 대리, 일 잘한다고 부산까지 소문났던데" "너무 열심히 하는 거 아니야? 눈빛이 남달라." 이렇게 농담하듯이 칭찬하는 것도 하나의 방법이다.

3. 이메일을 이용하라

모험가형은 자신이 없는 자리에서 다른 사람이 자신에 대해 이야기하는 것을 좋아하지 않는다. 편지나 이메일로 "이번에 수고가 많았네. 고생했어!" 같은 간접적인 칭찬을 해주는 것이 좋다.

부하 직원에게
충고하기

A 광고 기획사에 아침 댓바람부터 전화가 걸려왔다. 이 과장이 전화를 받자마자 수화기 너머에서 누군가가 다짜고짜 소리를 질러댄다. 광고 1팀 김 대리를 바꾸란다. 잠깐 자리를 비웠다고 하니 여전히 격분한 목소리로 짜증을 낸다.

"내가 경쟁사 광고 현황에 대해 알아봐달라고 했습니다. 그랬더니 그건 자기들이 할 수 없는 일이라고 딱 잘라 말하는 거예요."

"아, 예."

"그래서 그럼 도대체 그쪽에서 할 수 있는 일은 뭐냐고 물었죠.

그랬더니만 그런 경쟁사 분석은 해당 홍보실에서 하셔야지 대행사한테 의뢰할 업무는 아니지 않냐며 오히려 나한테 훈계를 하더란 말입니다."

"아, 예."

"그래서 내가 화가 나서 거칠게 몇 마디 좀 했더니 먼저 전화를 끊어버리더군요."

"그런 일이 있으셨군요. 제가 대신 사과드리겠습니다."

"도대체 생각이 있는 거요, 없는 거요? 누가 광고주고 누가 대행사인지 모르겠네."

"다시는 그런 일이 없도록 김 대리를 불러 조치하도록 하겠습니다. 죄송합니다."

상대는 광고주 B사의 담당자였다. 전화를 끊은 뒤 이 과장은 고민에 빠졌다. 가끔 광고주의 무리한 요구 때문에 김 대리가 힘든 것은 익히 알고 있지만, 아무리 그래도 먼저 전화를 끊은 것은 분명 무례한 행동이다.

그렇다고 무작정 김 대리를 닦아세웠다간 부작용만 생겨날지 모르는 일, 과연 뭐라고 충고를 해야 김 대리의 행동이 개선될 수 있을까?

서로 다른 기질과 개성을 갖고 있는 사람들끼리 모여 있다 보면 서로 부딪히게 되면서 상대에게 충고할 경우가 생긴다. 그런데 상대를 위한다는 좋은 뜻에서 나온 충고지만 결과는 영 딴판일 때도 많다.

옛말에 "충고는 호랑이를 잡는 것보다 어렵다"는 말이 있다. 또 "돈 받지 않고는 충고도 하지 말라"는 말도 있다. 상대에게 상처를 주지 않으면서 적절하게 충고하는 것은 생각만큼 쉽지 않다는 얘기다. 적절한 충고는 문제를 효율적으로 개선시키지만 자칫 잘못된 충고는 사태를 더욱 악화시키고 갈등을 초래할 수 있다. 나름대로 많이 생각하고 했다고 한 충고가 오히려 '화'가 되어 돌아오는 경우도 있다. 그렇다고 충고를 안 할 수도 없는 노릇이다. 문제는 개선되어야 하기 때문이다.

이렇듯 충고는 커뮤니케이션에서 매우 중요한 위치를 차지한다. 성격 유형에 따라 효과적으로 충고하는 방법, 또 상대에게 상처를 주지 않으면서 문제를 지적하는 방법을 익히는 것이 필요한 이유다.

9가지 성격 유형에 따른 충고법

보스형 부하

효과적인 충고법
"긴말 하지 않겠네. 앞으로는 고객을 그런 식으로 대하지 않았으면 하네. 가보게!"

1. 강요보다는 제안하는 형식으로 하라
보스형은 나름대로 자신이 옳다고 느끼기 때문에 다른 사람이 피드백을 하면 바로 반발한다. 옳건 그르건 간에 상대의 뜻대로 움직이는 것을 싫어한다. 강요보다는 제안하는 형식으로 말하는 것이 좋다.

2. 한 번의 지적으로 끝내라

사실 어떤 형식이든 보스형 부하 직원에게 '이래라 저래라' 이야기하면 잘 받아들여지지 않는다. 보스형은 일단 현장에서 충고를 받아들이지 않고, 뒤에서 곰곰이 생각하고 고민한다. 처음에는 좀 반발하는 듯 보이나 이는 진짜 거절이 아니라 수용하기 위한 과정이다. 따라서 보스형은 다음 날에는 조언해준 대로 행동이 바뀌는 경우가 많다. 지적은 단 한 번으로 끝내라.

3. 일일이 따지지 마라

보스형에게 시시콜콜 따지거나 이유와 근거를 제시하면서 설득하려 들면 먹히지 않는다. 보스형에게 충고할 때는 되도록 간단하고 짧게 단도직입적으로 말하는 것이 좋다. 보스형은 잘못했다고 생각하다가도 지적이 길어지면 오히려 본인이 '화'를 버럭 내기도 한다.

상사인 당신이 보스형이라면 이런 점에 주의하며 충고하라

보스형은 매사에 본인이 옳다고 생각하는 경향이 강하며, 본인 스스로가 양심에 어긋나는 행동은 잘 안 한다. 그렇기 때문에 옳은 것을 반대하는 것은 잘못된 일이라고 생각한다. 보스형은 자신이 옳기에 원칙도 자신을 따라야 한다고 생각한다. 말투 역시 "그게 아니야. 이렇게 해"라는 식의 명령조로 말한다. 피드백을 한다기보다는 '혼낸다' '꾸짖는다'는 편이 더 맞다.

숨김없이 솔직한 것은 좋지만, 상대의 입장도 인정하고 배려해 주는 게 좋다. 상대의 입장을 공감해주면 자발적으로 변화하도록 이끌어줄 수 있다. 또한 내가 상대를 고쳐주겠다는 마음을 비워 야 한다. 해결책을 따르라고 말하기보다, 스스로가 찾아낼 수 있 도록 기다리고 들어주는 자세가 필요하다. 그리고 사실과 분노를 분리시키는 연습을 하자. 본인은 화를 분출하고 나면 앙금이 사 라지지만, 상대가 받은 분노는 두고두고 마음속에 남는다는 것을 인식해야 한다.

화합가형 부하

효과적인 충고법
"일은 잘돼가나? 그래 요즘 어때? B사에서 전화가 왔었는데, 무슨 일 있었나?"
"아, 그런 일이 있었군. 자네 말을 듣고 보니 그럴 법도 하네. 그런데 고객 입장은 또 다를 수 있어. 한두 번도 아니고, 살다 보면 이런 일도 있고 저런 일도 있는 거 야. 자네가 맘 넓게 이해하는 게 좋겠네."

1. 먼저 '공감대'를 형성하라

화합가형은 사람들과의 갈등에 무척 예민하기 때문에 한 번 들은 피드백, 특히 누가 뭘 싫어한다는 말은 절대 잊어버리지 않는다. 또한 '내가 회사에 문제를 일으킨 것은 아닌가' 싶어서 생각보다 더 위축될 수도 있다. 피드백을 하기 전에 먼저 공감대를 형성하는 게 좋다. 한 번 보고 부하 직원을 판단한 것이 아니라 오랫동안 지켜봐왔다는 관심의 표현이 화합가형 부하 직원의 마음을 움직인다.

2. 단정적으로 말하지 마라

피드백은 되도록 간접적인 표현이 좋다. 화합가형의 입장을 무시한 채, 단정적으로 "이건 이렇다"라고 말하면 본능적으로 거부한다. "꼭 그런 것만은 아니잖아. 이럴 수도 있고, 저럴 수도 있는 거지"라는 식으로 다양한 관점으로 매사를 바라보는 화합가형에게는 하나의 입장을 전달하는 것보다 상대의 입장을 충분히 들어주고 공감해주는 것이 좋다.

3. 변론의 기회를 주고 의견을 덧붙여 충고하라

화합가형은 항상 다른 사람과 마찰이 일어나는 것을 염려하는 성향이 있으므로 잘못을 일방적으로 지적하면 매우 억울해하며 수동적으로 행동한다. 화합가형에게 충고할 때는 "그래, 뭔가 사정이 있었겠지"라며 입장을 변론할 기회를 충분히 준 뒤 잘잘못을 가려야 한다. 또한 지시하는 방식이 아니라 자신의 의견을 덧붙이는 형태로 "나는 이렇게 생각하는데, 자네는 어때?" 하며 의견을 존중해주는 것이 좋다. 그리고 대화의 끝부분에 "이런 일들은 흔히 생기는 것이고 문제가 되지 않는다"는 말로 격려해주는 것이 좋다.

상사인 당신이 화합가형이라면 이런 점에 주의하며 충고하라

화합가형은 대체로 상대가 '싫어하는 것'에 초점을 맞춘다. 사람들이 자신을 좋아해주기를 원하기보다는 여러 사람들과 잘 지내고 싶은 마음이 더 크기 때문이다. 그래서 화합가형은 피드백을 잘 못한다. 망설이다가 때를 놓쳐 '그만두자'라며 넘기기 일쑤고, '이야기를 해야겠다'고 마음먹더라도 상대가 편안한 때를 기다리면서 한참 후에 예전에 있었던 이야기를 슬쩍 꺼낸다. 상대에게 꼭 말을 해야겠는데 상처 주는 말을 하기 싫어 이리저리 빙빙 돌린다. 하지만 한 번 말을 꺼내기 시작하면 그동안 품어왔던 많은 생각들을 한꺼번에 쏟아놓기도 한다. 화합가형은 충고할 때 그때그때 표현하는 연습이 필요하다. 계속 쌓아두었다가 한꺼번에 이야기하면 상대가 당황스러워하고 오래된 이야기를 꺼내는 통에 괜히 기분만 상할 수도 있다.

개혁가형 부하

> **효과적인 충고법**
> "김 대리! 조금 전에 B사에서 전화가 왔었는데 말이야. 경쟁사 분석에 대해서는 말 잘했네. 그런데 이야기할 때 기분 상하지 않게 에둘러 말하면 더 좋지 않겠나? 그리고 아무리 기분이 나빠도 그렇게 전화를 먼저 끊는 건 예의가 아니지. 그렇지 않나?"

1. 정확하게 문제에 대해 이야기하라

개혁가형은 곧이곧대로 받아들이는 성격이므로 가볍게 이야기하고 지나가서는 안 된다. 개혁가형은 무슨 일이 있었는지 사실 그대로를 듣고 싶어 한다. 늘 시시비비를 가리고 싶어 하는 개혁가형에게 이 단계는 매우 중요하다. 혹시 그 사람이 잘못한 것은 없는지 반드시 가리고자 한다.

2. 감정을 배제하고 부드럽게 조곤조곤 말하라

개혁가형은 자신이 잘못했다는 확신이 없는데 상대가 감정을 앞세워 충고하면 이를 받아들이지 않는다. 부하 직원의 잘잘못이 밝혀지지 않은 상황이라면, 강하지 않고 부드럽게 조곤조곤 말하는 것이 좋다.

3. 결론은 상대가 내리도록 하라

개혁가형은 자신이 수긍하지 않으면 좀처럼 충고를 받아들이지 않는다. 충고에 대해 본인이 수긍하고 있는지 확실하게 의사를 물으면서 피드백하는 것이 좋다. 이때 결론은 본인이 직접 내리게 하자. 그래야 스스로 자신의 잘못을 뉘우치고 다음부터는 그런 일이 생기지 않도록 조심할 것이다. 만일 스스로가 수긍하지 않았는데 섣불리 주의를 주면 오히려 더 발끈하면서 화를 낼 수 있으니 주의하라.

상사인 당신이 개혁가형이라면 이런 점에 주의하며 충고하라

개혁가형은 다른 사람에게 피드백을 할 때 '화'가 함께 치밀어 오른다. 그래서 자신도 모르게 점점 목소리가 높아져 힘을 주면서 말하는 경향이 있다. 그러나 본인은 단지 목소리가 좀 커졌을 뿐이라고 생각하지만 듣는 사람의 입장에서는 자신에게 화를 내고 있다고 느끼기에 충분하다. 또한 개혁가형은 "~해야지" "당연히 ~하는 게 기본이지" 하는 말투로 상대에게 자신의 의견을 강요하기도 한다.

협력가형 부하

> **효과적인 충고법**
>
> "김 대리! 무슨 고민 있어? 안색이 좋지 않네. 자네 요즘 일 너무 열심히 하는 거 아냐? 무리하지 말고 쉬엄쉬엄 해. 너무 무리하다 보면 스트레스 받아서 본의 아니게 말과 행동이 거칠어질 수도 있으니까. 자네 맘도 그게 아닐 텐데 말이지…… 무슨 고민 있으면 나하고 이야기하고, 잘해보자구, 알았지?"

1. 분위기와 개인적인 공간을 확보한 후 충고하라

협력가형 부하 직원에게 충고를 할 때는 상대가 받아들일 만한 분위기를 형성하고, 독립적인 공간을 확보한 후에 하는 것이 좋다. 협력가형은 항상 다른 사람들과의 관계를 중요하게 생각한다. 그렇기 때문에 다른 사람이 없는 공간에서 개인적으로 피드백하는 것이 좋다.

2. '존재감'에 대한 확신을 심어줘라

협력가형은 자신이 조직에 얼마나 필요한 존재인지에 대해, 즉 존재감에 늘 관심이 많다. 그러므로 어떤 일 때문에 상대와 자신의 관계가 틀어질 것을 염려하고, '다른 사람이 이 일을 통해서 나를 어떻게 볼까?' 하는 걱정이 앞선다. 협력가형에게 충고할 때는 "당신은 여전히 필요하고 중요한 존재야"라는 식으로 존재감에 대한 두려움을 해소시켜주는 것이 좋다.

3. '기대감'을 표현하자

상황을 사실적으로 전한 다음에는 기대감을 표현하자. "이번 일이 있어도 나는 늘 자네편이야!" "잘할 거라고 믿네!" 등 여전히 지지하고 더 잘할 것이라고 믿고 있다는 기대감을 표현하는 것이 좋다.

상사인 당신이 협력가형이라면 이런 점에 주의하며 충고하라

협력가형은 상대와의 관계를 지나치게 생각해서 사실적으로 말하지 못한다. 상대의 감정을 배려하는 것도 좋지만, 아프더라도 따끔하게 말해 상대의 변화를 이끌어내는 것이 중요하다. 객관적인 피드백이 아니라, 자신의 느낌으로 확대 해석된 피드백은 설득력이 떨어지며 상대가 감정적으로 받아들일 수 있다. 사람과 사실을 분리해서 상대에 대한 사적인 감정이 피드백에 보태지지 않도록 객관적인 사실을 전하도록 한다.

성취가형 부하

1. 장소 선택이 중요하다

성취가형은 자신의 무능력한 모습을 남에게 보여주는 것을 매우 견디기 힘들어한다. 그러므로 성취가형에게 피드백할 때는 장소 선택이 중요하다. 다른 사람들의 시선이 없는 곳에서 개인적으로 피드백하는 것이 좋다.

2. 간단하게 언급하고 대안을 제시하라

실패, 좌절과 같은 부정적인 감정을 잘 다루지 못하는 성취가형은 자신의 실수와 관련된 이야기가 길게 계속되는 것을 잘 견디지 못한다. 일어난 사건에 대해서는 간단하게 언급하고 대안을 제시하는 것이 좋다.

3. 충고 후 성장에 도움이 될 것이라고 격려하라

대체로 성취가형은 실수를 치명적인 것으로 여긴다. 실수가 드러나도 인정하지 못하므로 주변 탓을 하거나, 상황의 문제로 돌려 변명하려 든다. 이럴 때는 잘못을 있는 그대로 지적하기보다 실수가 앞으로 자신의 성장에 도움이 될 것이라고 격려하면서 말하는 것이 좋다. 혹은 샌드위치 식으로 처음에는 성취가형의 의욕을 칭찬해주고 피드백을 한 후에, 실수를 밑거름삼아 앞으로 더욱 좋은 성과를 낼 것이라고 격려해주는 방식이 바람직하다.

상사인 당신이 성취가형이라면 이런 점에 주의하며 충고하라

성취가형은 가슴형인데도 일할 때는 감정을 억누른다. 그 결과 스스로 부정적인 감정이 일어날 틈을 주지 않기 위해서 말이 빨라지고, 부연적인 것들은 빠지며, 자신의 의견만 짧고 빠르게 전달해버리는 경향이 있다. 그러나 듣는 상대는 전후 상황의 이해 없이 툭 터져나오고 뒷감정 수습도 안 해주는 성취가형의 그런 피드백에 상처를 받는다. 또한 나름대로 감정을 빼고 사실만 전하고자 하는 성취가형의 말투는 상대에게 공격적이고 단정적으로 지적받았다는 느낌을 가져다준다. 성취가형은 다른 사람에게 충고할 때 할 말만 전하기보다 상대의 감정을 배려하고 자신의 느낌을 담아서 충고해야 한다. 감정적인 대화는 천천히 인내심을 가지고 하는 것이 좋다.

예술가형 부하

효과적인 충고법

"김 대리! 기분 안 좋은 일 있었어? B사에서 전화가 왔었어. 내가 자네한테 무슨 감정이 있어서 그러는 건 아니고, 특별하게 생각하니까 이렇게 얘기하는 거야. 자네 입장도 충분히 이해해. 나라도 그랬을 거니까. 김 대리가 알아서 잘하겠지만, 그래도 고객이니까 한 번쯤은 그 사람 입장에서 생각해줘야지. 그쪽 면도 있고 하니까 다시 한 번 사과하는 게 좋겠어. 잘할 거라 믿네."

1. 상대의 감정을 인정하고 사실을 지적하라

예술가형은 사실만을 지적하면 감정이 앞서 '지금까지 나를 이렇게 생각했다는 거야?' '아무리 잘못을 해도 그렇지, 어떻게 그렇게 말할 수 있어?'라는 식으로 생각한다. 본인이 특별하다고 생각하는 예술가형은 다른 사람이 무조건 자신을 이해해주기를 바란다. 자신의 방식을 인정하고 공감해주기를 원하는 것이다. 그렇지 않으면 무슨 말을 해도 자신에 대한 거부로 받아들이고 일절 듣지 않는다.

2. 스스로 대안을 찾도록 하라

먼저 예술가형의 감정과 잘해온 부분에 대해 인정해준 다음, 사실을 말해준다. 예술가형은 제시된 그대로 하고 싶어 하지 않으므로 상대의 제안을 잘 받아들이지 않는다. 그러므로 예술가형의 의견을 묻고, 스스로 대안을 찾고 선택할 수 있도록 분위기를 만드는 것이 좋다.

3. 언제나 상대의 편이라는 것을 보여줘라

충고 후에는 상대에 대한 기대감을 내보이고, 언제나 지지한다는 점을 강조하면서 마무리하는 것이 좋다.

상사인 당신이 예술가형이라면 이런 점에 주의하며 충고하라

예술가형은 사실과 감정을 동일하게 받아들이는 경향이 강하다. 상대가 부정적인 충고를 하면 자신을 거부하는 것으로 오해한다.

마찬가지로 자신이 다른 사람에게 충고할 때도 상대가 누구냐에 따라 방식이 천지차이로 바뀐다. 좋지 않은 감정을 가진 사람에게는 훨씬 감정적으로 다가가고, 좋은 사람에게는 한없이 다정해지기도 한다. 따라서 충고할 상대가 아닌, 일의 옳고 그름을 보고 일 중심적으로 객관성을 유지하면서 충고하도록 한다. 사실을 부풀리지 말고, 있는 그대로를 상대에게 전해야 한다.

탐구가형 부하

효과적인 충고법

"김 대리! B사에서 피드백이 들어왔네. 그쪽에서는 자네 태도가 불친절했다고 말하던데, 왜 이런 일이 일어난 것 같나? 이번 일을 계기로 자네의 고객 응대 태도에 대해 한 번쯤 생각해봤으면 하네."

1. 감정 없이 이성적으로 말하라

탐구가형은 다른 사람에게 충고를 받을 때 이성적으로 받기를 바란다. 그러므로 감정적으로 길게 말하지 말고, 문제에 포커스를 맞추어 '정황이 이렇다'는 것을 객관적으로 전달하는 게 좋다. 그것만으로도 탐구가형은 문제 해결을 위해 심각하게 고민한다.

2. 이유를 설명하라

탐구가형은 이유를 설명하지 않고 대뜸 단정적으로 충고하면 강한 반감을 가진다. 자신의 입장에서는 나름대로 이유가 있고 생각이 있어서 한 행동인데, 무조건 단정적으로 잘못했다고 지적하

면 납득할 수 없기 때문이다. 왜 잘못된 것인지 이유를 설명해야
한다.

3. 충고보다는 질문을 던져라

탐구가형은 생각해보지 않은 일에 대해서는 매우 당황해하므로
자신의 입장을 곧바로 말하지 못한다. 그리고 나중에 분노하기도
한다. 질문을 던지면서 생각할 여유를 주면 자신이 나름대로 생
각하고 스스로 문제의 해결책을 찾아낸다.

상사인 당신이 탐구가형이라면 이런 점에 주의하며 충고하라

탐구가형은 사실만 받아들이고 감정은 지나쳐버리는 경향이 있
다. 또한 상대에게 말할 때도 감정을 실어서 표현하지 않는다. 게
다가 상대가 어떤 감정을 느낄지 잘 인지하지도 못한다. 탐구가
형은 객관적인 입장을 취하는 것을 선호하므로 충고도 개인적
인 감정을 싣지 않고 관찰자 입장에서 한다. 감정보다는 문제 해
결에만 초점이 맞추어져 있기 때문이다. 사실적인 충고는 문제를
객관적인 관점에서 바라볼 수 있게 하지만, 감정을 배려하지 않
으므로 상대가 당황하기도 한다.

모범생형 부하

효과적인 충고법
"김 대리! 잠깐 볼까? B사에서 이런 전화가 왔는데 어떻게 된 거지? 만약에 이

일이 원만하게 해결되지 않으면 회사 영업에 지장을 줄 거고, 다음 하반기 영업 실적에 영향을 미칠 수도 있네. 지금 회사 상황도 위기고, 이번 프로젝트가 어그러지면 회사 입장에서도 손실을 막기가 힘들 거야. 앞으로 조심하게."

1. 미래에 일어날 위험 가능성에 대해 설명하라

모범생형에게 충고할 때는 현재의 문제를 부각하는 것보다 미래의 위험성을 경고하는 것이 더 효과적일 수 있다. 예를 들어 회사에 큰 손실을 가져온다든지, 회사에 위기를 초래한다는 이야기를 함께 해주면 좋다. 그러면 다음에 비슷한 일이 발생했을 때 똑같은 실수를 저지르는 것을 방지할 수 있다.

2. 대안을 제시하라

모범생형에게는 어느 정도 대안을 말해주는 것이 좋다. 생각이 정리되지 않으면 한 발짝도 못 움직이기 때문이다. 효과가 있다고 공인된 믿을 만한 방법을 한두 가지 전해주고, 생각할 수 있는 시간과 여유를 주는 것이 좋다.

3. 부담을 덜어주라

모범생형은 미미한 가능성도 크게 받아들이는 경향이 있다. 더구나 상호 간의 신뢰에 관한 일이라면 더욱 예민하게 받아들이고, 자신이 신뢰가 부족한 사람이라고 자책하면서 속으로 움츠러든다. 사실적으로 충고하되 너무 심각하게 받아들이지 않도록 "다시 잘해보기로 했네. 걱정 안 해도 돼"라는 식의 말로, 부정적인 일이 일어날 가능성을 미리 차단하여 마음의 짐을 덜어주는 것이 좋다.

상사인 당신이 모범생형이라면 이런 점에 주의하며 충고하라

모범생형은 항상 만일의 사태를 생각하므로 사소한 일도 그것이 미치는 최대한의 범위까지 생각한다. 고객이 불만스러운 어투로 전화를 한 통 했다면 '고객이 우리와 거래를 끊으면 어떡하지?' '다른 고객에게 퍼져나가면 어쩌나?'부터 '이번 일로 소송이라도 당하면……'까지 별의별 걱정에 다 빠진다. 한마디로 일어날 수 있는 모든 최악의 상황을 머릿속에 그리는 것이다. 모범생형은 상대에게 충고할 때 확대 해석하지 말고 주어진 사실대로 충고해야 한다. 안 좋은 방향으로 자신의 생각이 투영된 충고는 역반응을 일으킬 수 있다. 또한 일이 잘못될 가능성에 너무 치우치면, 상대를 필요 이상으로 의기소침하게 만들 수 있다. 신중한 것도 좋지만, 상호 간에 원활한 커뮤니케이션이 이루어져야 상대에게 신뢰감을 주고, 행동의 변화를 가져올 수 있다.

모험가형 부하

효과적인 충고법

"(살며시 미소를 지어 보이며 편안한 분위기를 만든다) 김 대리! B사가 자네 담당이지? 거기서 전화가 왔었는데, 자네 혹시 무슨 사고라도 쳤나? 뭐 그렇게 걱정할 건 아니지만, 잘못한 건 잘못한 거니까. (어깨를 툭 치며) 전화 한번 해봐. 괜찮아, 뭐 그런 걸 가지고. 앞으로 잘하자구! 알겠나?"

1. 간단하게, 사실적으로 지적하라

모험가형은 부정적인 말을 듣기 힘들어하므로 조금만 안 좋은 말을 해도 예민하게 받아들인다. 따라서 부정적인 말을 강조하거나 반복해서는 안 된다. 간단하고 사실적으로 어떻게 하라고 구체적으로 지적하는 것이 좋다.

2. 상황을 설명하라

어떤 문제가 생긴 것인지 구체적 상황을 설명해주는 것이 좋다. 무슨 일인지 모르고 이해도 안 되는 상황인데, 단도직입적으로 잘못만 거론하면 반발할 수 있다. 그리고 모험가형에게 피드백을 하면 상대를 이해시키고자 이런저런 자신의 입장을 늘어놓을 것이다. 자신의 잘못을 시인하지 않고 변명하는 듯 보이겠지만, 모험가형 나름대로 잘못을 인정해가는 과정이다.

3. 상황이 좋아질 것이라고 마무리하라

상황이 좋아질 수 있다는 가능성을 내비치면서 이야기를 마무리하는 것이 좋다. 때로는 엄하게 꾸짖을 필요도 있지만, 충고할 때 앞뒤로 긍정적인 말을 넣어주고 격려해주는 말로 마무리하라.

상사인 당신이 모험가형이라면 이런 점에 주의하며 충고하라

모험가형은 부정적인 것에 직면하는 것을 어려워한다. 상대를 배려해서라기보다 스스로가 부정적인 것을 언급하는 것을 싫어해서 안 좋은 이야기는 은근슬쩍 넘어가거나, 사태의 심각성을 축

소해서 별것 아니라는 반응을 보이기도 한다. 문제의 핵심을 얼버무리면 상대가 충고하는 의미를 정확하게 파악하지 못할 수 있다. 상대를 변화시키려면 애정을 가지고 잘못된 점을 아프더라도 정확하게 지적해야 한다. 그리고 "네가 안 하면 네 손해"라는 식보다는 상대에게 애정을 가지고 있고, 마음을 쓰고 있다는 감성적인 면도 함께 전달하는 것이 좋다.

Chapter 2.

상사에게
인정받기

상사의
업무 스타일
이해하기

팀장급 아침 회의에 참석하고 돌아온 최 팀장이 위에서 내려온 급한 프로젝트 건이라며 팀원들을 모아놓고 업무 지시를 내린다.

"급한 건이니 서둘러서 처리하도록!"

지시를 받은 팀원들은 각자 자리로 돌아가 열심히 프로젝트 건에 대해 준비를 하고 있다. 김 대리도 지시가 떨어지자마자 인터넷 등을 이용해 나름대로 자료 조사를 하고 있었다. 그런데 최 팀장이 아까부터 왔다갔다 안절부절 못 하고 있다. 김 대리도 뒤통수가 따갑게 느껴진다.

'팀장님이 왜 저렇게 불안해하지?' 다른 팀원들은 자리에 앉아서 열심히 대안을 찾고 있는 것 같은데 자신만 제대로 못하는 것 같아 좌불안석이다.

오후가 되자 강 대리가 팀장님을 찾아가 오전에 지시받은 업무에 대해 뭔가 보고를 하는 것 같다. 그런데 팀장님의 성에 차지 않는지 팀장님이 강 대리에게 심하게 '한 소리' 하는 모습이 보인다. 김 대리는 더욱 마음이 불안해진다.

대체 뭐가 문제일까? 어떻게 하면 팀장님의 업무 스타일을 파악하여 잘 대처할 수 있을까?

직장 생활의 가장 큰 갈등 중 하나가 바로 '업무 스타일의 차이'다. '너는 왜 나처럼 못 해?'라는 원망이 서로를 지치게 하는 것이다. 같은 사무실에도 '하면 된다'는 스타일이 있는 반면, 계획과 준비가 되어야 실행을 하는 '되면 한다'는 스타일이 있다. 각자 사는 방식이 다르듯, 일하는 방식도 모두 다르다.

또 직장인들의 가장 큰 고민거리는 상사와의 관계일 것이다. 상사의 업무 스타일을 꿰뚫고 있다면 그야말로 일사천리로 업무를 진행할 수 있을 것이다. 그러나 준비가 안 된 상태에서 상대가 어떤 스타일인지 파악하기란 좀처럼 쉬운 일이 아니다. 그 사람과 똑같아질 수는 없지만, 그가 좋아하는 업무 스타일을 꿰뚫고 있다면 직장은 좀 더 즐거운 곳이 될 수 있다. 상대가 밥을 원하는데 떡을 내미는 우는 범하지 않을 것이다. 미리 상대의 식성을 알고 그에 맞는 메뉴를 준비한다면 결과는 180도 달라질 것이다.

계획과 준비를 잘하는 치밀한 부하 직원을 좋아하는 상사, 추진력이 강한 부하 직원을 좋아하는 상사, 따뜻하고 인간적인 부하 직원을 좋아하는 상사 등, 상사의 성격 유형에 따른 업무 스타일과 그에 대한 최적의 솔루션을 찾아보자.

9가지 성격 유형에 따른 상사의 업무 스타일 이해하기

보스형 상사

> **업무 스타일**
> "앉아서 뭐해? 일단 나가!"

1. 열정을 보여라

보스형 상사는 "제가 하겠습니다!"라고 말하는 적극적인 팀원을 제일 좋아한다. 장형적 장형인 보스형은 추진력이 생명이므로 "끝까지 해"라는 말을 자주 한다. 그렇기 때문에 능력도 중요시하지만, 대개는 열정에 따라 부하 직원을 평가한다. 보스형 상사는 원대한 비전을 제시하여 불가능에 도전하고 열정을 다해 성공을 이끌어내는 리더를 꿈꾼다. 그렇기 때문에 팀원들의 역량을 깨울 수 있도록 큰 과제를 주고 격려하며, 될 때까지 도전하고 노력하는 강한 일터를 만들길 원한다.

2. 세부적인 계획을 세워 제시하라

보스형 상사는 전체적인 그림을 그리는 것은 좋아하지만 세부적인 계획을 꼼꼼히 세우는 것은 잘하지 못한다. 대신 부하 직원이 알아서 움직여주길 바란다. 따라서 보스형 상사에게 인정받기 위해서는 상사의 지시에 대해 세부적인 계획을 세워 제시하는 것이 좋다.

3. 솔직하라

대체로 당장 무언가 움직임이 나오길 바라는 보스형의 성격 때문에 팀원들은 계획이나 사전 조사 없이 이리저리 좌충우돌하게 된다. 보스형 상사는 말투가 독선적이다. "이건 이런 거야. 그렇게 해." 회의는 일방적인 설교가 되는 경우가 많고, 한 번 말하기 시작하면 그치지 못한다. 그리고 자기 일에 핑계를 대거나 책임을 지지 않는 부하 직원을 무척 싫어하기 때문에 잘못이 있을 경우에는 솔직하게 시인하는 것이 좋다. 화를 내면 거의 활화산처럼 폭발하여 감당하기 힘든 경우도 있지만, 뒤끝 없이 깔끔한 것이 보스형의 장점이기도 하다.

화합가형 상사

업무 스타일
"이렇게 하는 것이 좋지 않을까?"

1. 갈등을 만들지 마라

화합가형 상사는 모든 직원이 원만하게 잘 지내길 바란다. 갈등이 생기는 것을 좋아하지 않기 때문에 갈등을 만들어내는 부하직원에게 화가 난다. 그러나 화가 나도 좀처럼 감정을 드러내지 않는다. 표정이 미세하게 흔들리거나 얼굴이 굳는 정도다. 그런 연유로 부하 직원이 상사의 감정 상태를 잘 파악하지 못하는 경우가 있다. 그리고 화를 쌓아두고 있다가 한계에 다다르면 굉장히 작은 일에도 폭발한다. 따라서 부하 직원은 '내가 그 정도로 잘못하지는 않았는데……'라며 서운해 할 수 있다. 화합가형 상사는 정말로 화가 나면 말투가 업무적으로 돌변한다.

2. '겸손함'과 '포용력'을 보여라

화합가형 상사는 사람들 사이의 관계에서 지나칠 정도로 조화로움을 강조한다. 또한 공평무사하고 편드는 것을 좋아하지 않기 때문에 너무 튀거나 잘난 척하는 부하 직원을 좋아하지 않는다. 또한 변화를 강력히 요구하는 부하 직원에게 예민하게 반응하고 경계하는 경우가 있으니, 자신의 의견이 옳더라도 너무 강하게 주장하면 오히려 해가 될 수 있다.

3. 어떤 일을 하고 있는지 수시로 보고하라

화합가형 상사는 부하 직원이 스스로 자기 일을 알아서 하길 원한다. 그리고 누가 자신의 일에 간섭하는 것을 싫어하듯이 부하직원이 하는 일에 간섭하지 않는다. 하지만 부하 직원이 어떤 일을 하는지 모든 것을 다 알고 싶어 하므로 전체 상황 변화에 대해 수시로 보고하는 것이 좋다.

개혁가형 상사

업무 스타일
"빨리빨리 안 움직여?"

1. 행동으로 보여줘라

개혁가형 상사는 늘 목표와 원칙을 분명히 제시하며 빠른 실천력을 강조하는 스타일이다. 여러 번 깊게 생각하고 한 번 잘 실행하는 방식보다, 전체적인 방향과 목표를 토대로 먼저 시도부터 한 후 수정 보완하여 성공하는 스타일이다. 그렇게 때문에 개혁가형 상사에게는 무엇보다 먼저 '행동'으로 보이는 것이 중요하다. 개혁가형은 머리형적 장형으로 나름대로 전체적인 설계를 한 뒤 신속하게 행동으로 옮기는 유형이다. 가만히 앉아서 뭔가를 궁리하거나 계획만 하고 있으면 자신의 지시를 따르지 않거나 일하지 않는 것으로 생각한다. 개혁가형 상사와 일할 때는 일단 움직여라. 그렇지 않으면 움직이는 시늉이라도 해야 한다. 그래야 열심히 하고 있다고 안심한다.

2. 출근 시간과 규칙을 엄수하라

매사에 '지킬 것은 지킨다'는 원칙과 규범을 강조한다. 일 처리도 정확하고 반듯해야 하고, 윗사람에게는 예의를 갖추어야 된다는 생각을 갖고 있으므로 개혁가형 상사에게는 항상 깍듯하게 예의를 지켜야 한다.

3. 평소에 노력하는 모습을 보여라

작은 일도 진지하게 받아들이고 노력하는 모습을 보이는 것이 중요하다. 개혁가형 상사는 누가 보든 안 보든 매사 솔선수범하는 사람, 남들이 하기 싫어하는 하찮은 일을 기꺼이 하는 부하 직원을 높이 평가한다. 잘못을 지적받으면 고치려고 노력하는 모습을 보여라. 개혁가형 상사는 칭찬보다 지적이 앞서는 비판적인 시각을 갖고 있기 때문에 부하 직원들은 늘 스스로 부족하다고 느낄 수도 있다.

협력가형 상사

> **· 업무 스타일**
> "각자 일하지 말고 서로 마음을 모아서 방법을 좀 찾아봐!"

1. 팀 활동에 적극 참여하고 배려하는 모습을 보여라

협력가형 상사는 일할 때 팀원들 간의 공감대 형성부터 챙긴다. '마음이 안 모였는데 어떻게 일이 제대로 되겠느냐'고 생각한다. 협력가형 상사는 업무가 주어지면 가장 먼저 팀원들을 회의실에 모아놓고 미팅을 하는 스타일이다. 마음을 모으고 분위기를 만들면 일은 저절로 된다고 생각하기 때문이다. 따라서 이런 상사 밑에서 일할 경우, 상사의 업무 방식이 비효율적이라고 생각할 수 있다. 협력가형 상사가 가장 싫어하는 스타일은 이기적인 사람이다. 인간관계와 사람 됨됨이를 중요하게 생각하기 때문에, 능력이 있다고 자기중심적으로 행동하면 눈 밖에 나기 쉽다. 회사 전체의 분위기를 밝고 정겹게 만들려고 노력하는 모습을 보이는 것이 좋다.

2. 사적인 관계를 형성하라

협력가형 상사와 업무적으로 잘 지내려면 먼저 인간적으로 친해지는 것이 중요하다. 협력가형은 가슴형적 가슴형으로 가슴형의 전형이라고 보면 된다. 그렇기 때문에 부하 직원이 너무 격식을 갖추거나 업무적으로 대하면 인간미가 없다고 생각한다. 협력가형 상사와 평소에 사적인 인간관계를 잘 맺어두면 업무 진행에도 큰 도움이 된다.

3. 친절과 호의에 반응하라

다정하고 자상한 협력가형 상사는 상대가 필요로 하는 것을 도와주며 가까워지고자 한다. 그런데 상대가 그런 도움을 간섭으로 여기거나 가볍게 흘리면, 내색은 안 하더라도 매우 서운해 한다. 협력가형 상사의 도움을 받으면 그 자리에서 바로 반응하고 "어쩌면 그렇게 제 마음을 잘 아세요?"라며 감사의 표시를 확실하게 하라. 협력가형 상사는 작은 감사의 표현에도 크게 만족한다.

성취가형 상사

1. 능력을 강조하라

성취가형 상사는 분명한 목표를 제시하고 효율적으로 팀을 운영하여 최대한의 성과를 창출해내길 원한다. 성취가형은 목표를 달성하는 데 필요한 사람이라면 좋아하지 않아도 친분 관계를 유지한다. 성취가형 상사는 뒤처지거나 뛰어나지 못한 것을 잘 받아들이지 못한다. 따라서 능력이 없거나 따라오지 못하는 부하 직원을 무시하거나 경쟁을 통해 탈락시키기도 한다. 그렇기 때문에 어느 정도 자신의 능력을 의도적으로 어필할 필요가 있으며, 꾸준히 업무에 필요한 능력을 계발해야 한다.

2. 폭넓은 인간관계를 가져라

특히 윗사람의 비위를 잘 맞추는 성취가형은 자기 업무로 성과를 내기보다 조직 내 정치에 더 관심이 많기도 하다. 가슴형이면서 머리형 기능을 많이 사용하는 머리형적 가슴형으로 머리형에 가까워 보이지만, 항상 관계 형성과 인맥을 활용해서 일을 따내고 잘 벌이는 면에서 가슴형의 전형을 보여준다. 그러므로 성취가형 상사에게는 자신의 주위에 능력이 있고 문제에 부딪쳤을 때 효과적으로 도와줄 사람이 많다는 것을 강조할 필요가 있다.

3. 아이디어를 제공하라

성취가형 상사는 스스로 창조하기보다 기존의 아이디어를 조합해서 새롭게 포장하는 능력이 뛰어나다. 그의 프로젝트에 소스가 되는 아이디어나 정보를 넌지시 준다면 당신을 보배로 여기며 어느새 의존하게 될 것이다. 단, 자신의 이미지가 손상된다고 느낄 수 있으니 생색은 내지 말아야 한다.

예술가형 상사

> **업무 스타일**
> "어떻게 해야 할지 감이 안 와?"

1. 취향과 취미를 맞추고 공유하라

예술가형 상사는 대체로 즉흥적인 경우가 많다. 나름대로 계획이 있지만, 대부분 자신이 느낌을 받은 대로 일을 진행시키길 원하기 때문에 먼저 필feel을 맞추고 감정적인 교감이 이루어져야 한다. 그러므로 취향이나 취미 등을 공유하면 일을 진행하기가 훨씬 수월하다.

2. 상사의 독창적인 면에 동조하라

예술가형은 뭔가 새로운 일을 기획하고 창조하는 능력이 뛰어나다. 그러나 자기만의 스타일과 개성이 강해서 보통 사람들이 상식적으로 받아들이기 힘든 아이디어들을 자기 주관대로 밀어붙이는 경향이 있다. 예술가형은 뛰어난 창조성을 발휘하는 한편, 자신의 작품에 대한 자부심이 강해서 다른 사람이 '이러쿵저러쿵' 말하거나 손대는 것을 극히 싫어한다. 예술가형은 예술가적 근성이 있어 자신의 일을 작품이라고 부른다. 자신의 의견에 반대하거나 사실적으로 따지는 부하 직원에겐 감정적으로 대응하거나 심하게 서운해 하는 경우가 많다. 그러므로 부하 직원이 어떤 상황에 대해 논리적으로 반박하면 예술가형 상사는 상처를 받기도 한다. 감정적으로 상처도 잘 받고 변덕스러운 면이 있어 특히 신경을 많이 써야 하는 유형이다.

3. 상사보다 튀는 행동을 하지 마라

예술가형 상사는 장형적 기능을 많이 사용하는 장형적 가슴형이므로 직장이라는 수직 구조 안에서 조직을 장악하고 싶어 한다. 자신은 튀고 싶어 하지만 부하 직원이 튀는 것은 별로 좋아하지 않는 경향이 있다. 대체로 자신이 하는 일에 최고의 의미를 부여하며, 팀원들에게도 가장 중요한 일을 하고 있는 사람이라는 자부심을 느끼도록 동기를 부여한다. 또한 팀원들이 자신이 하는 일에 온 열정을 다할 수 있도록 팀원들의 사기를 진작하고 화목한 분위기를 조성하여 모두가 부러워하는 팀을 만들기 위해 노력한다.

탐구가형 상사

업무 스타일
"핵심부터 파악해!"

1. 지식과 논리를 쌓아라

탐구가형 상사는 머리형적 머리형으로 머리형의 전형이다. 그렇기에 상황을 파악하고 분석하여 전략을 세우는 데 누구보다도 능통하다. 계획서가 꼼꼼하지 않거나 생각을 깊이 하지 않는 부하 직원은 논리적인 면박을 당하기 일쑤다. 논리가 약한 부하 직원은 인정받기 어렵다.

2. 업무 마감 시한을 지켜라

탐구가형 상사는 업무 스케줄 관리에 철저하다. 업무를 할당해놓고 마감일이 되면 결과물을 내놓으라고 한다. 전체적인 계획을 짜고 팀원 각자의 역량에 맞게 일을 분배하는 능력이 뛰어나다. 탐구가형 상사는 팀을 사람 중심으로 바라보지 않고 기능 중심으로 본다. 따라서 일이 효율적으로 진행되기는 하지만 부분만 할당받은 팀원은 일에 큰 흥미를 느끼지 못할 수도 있다.

3. 적당한 거리를 둬라

탐구가형 상사는 팀원들에게 일에 대한 기대감을 보여준다거나 동기부여를 잘 해주지 않는다. 감정적으로 인색한 탐구가형 상사는 부하 직원이 간식이나 과일을 들고 와도 '고맙다'고 말만 할 뿐 고개도 잘 돌리지 않는다. 그래서 탐구가형 상사 밑에 있으면 어떤 업무를 수행해내도 당연한 일을 했을 뿐이라는 느낌이 들어 팀원들의 사기가 떨어질 수도 있다. 특히 인간적인 교류를 중요하게 생각하는 팀원들은 더욱 실망하게 된다. 공사 구분이 분명하고 감정을 최대한 억제하려는 성향이 있어, 업무에 감정적으로나 사적으로 접근하는 부하 직원은 오히려 낭패를 볼 수 있다.

모범생형 상사

> **업무 스타일**
> "전에 했던 것 중에 잘된 자료 있나 찾아봐!"

1. 정보 보안에 신경을 써라

모범생형 상사는 진취적인 모험보다 순리와 계통을 따르며 안정을 바라는 마음이 있다. 새로운 것보다 기존에 검증된 자료를 통해 확신을 갖는 스타일이기 때문에 사례나 검증 자료를 통해 확신을 주는 것이 좋다. 늘 안 좋은 상황을 염려하고 경계하므로 보수적인 판단을 내린다. 언행도 조용하고 신중해서 실없는 농담이나 확실하지 않은 말은 입에 올리지 않는다. 대신 업무와 관련된 자료나 정보를 모으는 데는 귀재다. 그리고 정보를 입수하면 확실해지기 전까지는 잘 공개하지 않는다. 그렇기 때문에 모범생형 상사와 일할 때 충분히 검증되고 준비되지 않은 상태에서 일을 벌이면 열정적인 게 아니라 무책임하다는 인식을 심어주므로 주의해야 한다.

2. 약속을 지켜라

모범생형 상사는 처음부터 끝까지 언행일치가 되는 사람인지 늘 체크한다. 면전에서 드러내놓고 화를 내지는 않지만, 사소한 약속이라도 자주 어긴다면 어느새 '삼진아웃' 되는 수가 있다. 일단 신뢰가 깨지면 함께 있어도 없는 사람 취급당할 수 있다.

3. 신중하게 검토하라

모범생형 상사는 조직에 대한 헌신과 신뢰를 갖고자 하며, 불안과 초조로 인해 반복적으로 확인과 점검을 하고자 한다. 그러므로 작은 일도 신중하게 검토하고 진행하는 부하 직원을 유능하다고 생각한다. 대체로 모범생형 상사는 쉽게 상대를 믿지 않는다. 매사에 조심스럽고 신중해서 인간관계에서도 가깝지도 멀지도 않은 적당한 거리를 유지하는 스타일이다. 일을 할 때도 항상 최악의 경우까지 모든 상황을 다 고려한 후에 결정하기 때문에 업무 진행이 더딘 경우가 많다. 자신을 보호해줄 것이라고 확신이 드는 공동체에 대해 순종과 헌신, 책임을 다하며 팀원들에게도 그것을 강요한다.

모험가형 상사

1. 빠르게 처리하라

모험가형 상사는 성격 유형 중 가장 빠르게 일을 처리하는 유형
이다. 그렇기 때문에 부하 직원에게도 자신만큼 빠른 속도로 일
하길 원하며, 능력이 부족한 부하 직원은 참고 기다려주지 못한
다. 일의 내용보다는 속도에 더 치중하는 면이 있으므로 무언가
를 완벽하게 준비해서 보여주려고 하지 말고 일단 빨리 내용을
만들어 보여주는 것이 좋다. 모험가형 상사는 일의 속도가 빠르
고 동시에 여러 가지 일 처리가 가능한 멀티 플레이어지만, 덜렁
거리고 마무리가 약한 단점이 있다. 따라서 이 부분을 잘 보완해
주는 부하 직원을 좋아한다.

2. 새로운 아이디어를 제시하라

항상 또 다른 가능성을 찾는 모험가형 상사는 브레인스토밍 방식
의 자유로운 의견 교류를 좋아한다. 새로운 경험, 흥미 있는 아이
디어에 대해 관심이 많고 뭔가 새롭고 독창적인 것을 제시하는
부하 직원에게 후한 점수를 준다.

3. 긍정적 태도를 지녀라

"괜찮아, 다 잘될 거야!"라며 매사를 낙천적으로 생각한다. 갈등이나 고민거리를 오래 붙들고 있지 않는다. 업무 진행에 대해 지나치게 걱정하거나 오래 고민하는 것은 에너지 낭비라고 생각하기 때문이다. 따라서 인상 쓰고 있는 사람, 풀 죽어 있는 사람, 매사에 부정적인 사람을 보면 매우 답답해한다. 항상 웃는 얼굴로 대하고, 분위기를 띄우며 상사의 농담에 맞장구칠 수 있는 유머 감각이 필요하다.

보스형과 모범생형의 악순환

보스형인 강 상무가 모범생형인 박 부장에게 새 프로젝트에 대한 타당성 검토를 지시한 지 벌써 5일째인데 박 부장으로부터 아무런 답변이 없다. 기다리다 못한 강 상무가 박 부장을 부른다.

강 상무: 박 부장, 지시한 일 어떻게 된 거야?

박 부장은 대답 없이 침묵만 지킨다. 3초 이내에 대답을 원하는 성격 급한 강 상무는 더 화가 난다.

강 상무: 박 부장하고 말하면 답답해 죽겠어! 검토한 거야, 만 거야?

박 부장: (잠시 뒤) 검토 중입니다.

강 상무: (책상을 내리치며) 내가 지시를 내린 지가 언제인데 아직도 검토 중인가? 일을 시키면 결과를 빨리빨리 가져와야지 일을 껴안고 있으면 어떡해? 내가 정말 답답해서 죽겠어!

박 부장: (조용히 있다가 조심스럽게 말을 꺼낸다) 검토하니까 문제가 좀 있는 것 같았습니다. 그래서 좀 더 신중히 검토해보려고 합니다.

강 상무: 그럼. 어떤 문제점이 있는지 이야기를 하고, 추가로 더 검토를 해야지. 아무 말 없이 혼자 끌어안고 있으면 일이 해결되나? 오늘 내로 검토 마치고 결과를 보고하게. 나가봐!

보스형은 상대에게 질문을 던졌을 때 '3초' 이내에 대답을 안 하면 거부나 반항으로 간주한다. 그런데 모범생형은 나름대로 신중함을 기하기 위해 생각을 정리하고 말하느라 대답이 느리다. 보스형은 급한 성격 탓에 모범생형의 답을 기다리다 숨이 꼴딱꼴딱 넘어간다. 답답해진 보스형이 감정을 섞어 화를 내면서 이야기하면 모범생형은 보스형의 큰 목소리에 놀라고, 감정적인 대화를 피하기 위해 더 말을 안 하려고 한다. 결국 악순환이 반복된다.

상사의
의사결정 방식
파악하기

박 팀장이 김 대리에게 내년도 사업 계획을 위한 워크숍이 잡혔
다며 어디가 좋을지 검토하라는 지시를 내렸다. 김 대리는 작년
에 갔던 A 콘도로 가려고 했는데 이미 자리가 차 예약을 할 수 없
었다. 그래서 B 콘도로 가는 제안서를 들고 결재를 받으러 갔다.
한참 동안 제안서를 보던 박 팀장이 별로 맘에 안 든다는 듯 인상
을 쓰며 묻는다.

"왜 여기로 정한 건가?"

그다음, 박 팀장은 김 대리에게 무엇을 질문할까? 박 팀장이

워크숍 장소를 결정하는 데 가장 중요하게 생각하는 기준은 무엇일까?

우리는 살아가면서 늘 무엇인가 결정을 내려야 한다. 그런데 이러한 의사결정 방식에도 성격 유형별로 차이가 있다. 물건 하나를 사더라도 현장에 가서 두 눈으로 직접 확인해야 믿고 결정하는 사람이 있고, 굳이 물건을 보지 않더라도 파는 사람의 됨됨이를 보고 "믿을 만한 사람이야!"라며 구입을 결정하는 사람도 있다. 또한 이곳저곳의 물건을 꼼꼼하게 비교 분석하여 가장 효율적인 가격에 맞춰 구매하는 사람도 있다.

직업을 선택하는 기준, 결혼할 때 배우자를 고르는 기준, 선물을 고르는 기준 등 사람들은 각자 나름대로 자신만의 의사결정 방법에 따라 판단하고 결정한다. 또한 생일 선물로 꽃을 원하는 사람, 꽃보다는 차라리 먹을 것을 원하는 사람, 현찰을 원하는 사람 등 각자 원하는 것도 다양하다.

이처럼 우리는 각자의 의사결정 기준을 가지고 있는데, 상대의 이러한 의사결정 기준을 파악할 수 있다면 보다 손쉽게 그 사람의 마음을 얻고 상대를 만족시켜 줄 수 있을 것이다. 특히 직장에서 상사의 의사결정 기준을 안다면 직장 생활이 훨씬 편하고 즐거울 것이다. 상사의 성격 유형에 따른 의사결정 방식에 대해 알아보고 다양한 상황에 지혜롭게 대처해보자.

9가지 성격 유형에 따른 의사결정 방식 파악하기

보스형 상사

> **의사결정 방식**
> "거기가 제일 좋네! 거기로 결정하게!"

1. 보스형 상사의 의사결정 기준은 '우월감'이다

보스형은 모든 사안에 자기주장이 강하다. 그리고 그 의견과 방식을 따를 것을 직설적으로 요구한다. 보스형 상사가 이런 모습을 보이는 이유는 자신을 신뢰하고, 강해지고 싶어 하며, 남에게 의존하려는 성향을 뿌리치려는 욕구가 있기 때문이다. 그래서 때때로 부하 직원의 의견을 듣기도 전에 자기 혼자 결정을 해버리곤 한다. 보스형은 '약해 보이지 않을까' 하는 근본적인 두려움과 콤플렉스가 있으며, 그로 인해 늘 '최고' '제일 좋은 것' '강한 것' 등에 집착한다. 그러므로 크고 확 트인 장소를 원한다. 모든 것이 제대로 갖춰져 있어야 한다. 숙박시설, 음식, 대회의장, 주변 환경까지. 보스형 상사가 타 부서에 "우린 말이지. 워크숍을 이런 델 다녀왔어!"라고 기세등등하게 자랑할 만한 장소를 찾아라.

2. 자신감 있게 자기주장을 제대로 말하라

보스형 상사는 자신의 주장이 강한 만큼 부하 직원도 책임감을 가지고 옳고 그름에 대해서 도전적으로 말해주길 원한다. 자기

주장도 없이 시키는 대로 해놓고 나중에 문제가 발생했을 때 "그렇게 하라고 하셨잖습니까?"라고 말하면 불같이 화를 낼 것이다. 보스형 상사는 이미 원하는 장소를 생각해두고 있다. 그래서 처음에는 "거기가 제일 좋더라! 거기로 결정해!"라고 밀어붙일지도 모른다. 하지만 평소 예의 바르고 자기주장이 분명한 부하 직원이 설득하면 귀 기울이고 장소를 변경할 것이다.

화합가형 상사

> **의사결정 방식**
> "다른 사람들 의견은 들어봤나?"

1. 화합가형 상사의 의사결정 기준은 '관계'다

화합가형 상사는 항상 자신의 주장을 내세우기보다 먼저 "자네 의견은 어때?" "다른 사람들 의견은 어떤가?"라고 묻는다. 화합가형의 내면에는 다른 사람과의 갈등을 피하려는 욕구가 있기 때문이다. 또한 '고립될까봐 두렵다'는 근본적인 콤플렉스가 있어 상호 간에 통해야 한다는 집착을 가지고 있다. 화합가형은 어떤 사안이든 판단하지 않고 수용부터 하려고 한다. 상하 관계나 동료 간에 업무적으로 맞지 않아 갈등을 겪는 일을 피하기 위해 무슨 일이든 이 상황 저 상황, 이 의견 저 의견을 모두 고려하여 순조롭게 진행하려고 무척 애쓴다.

2. 모든 의견과 상황을 고려한 대안을 내놓아라

화합가형 상사에게 물색한 장소에 대한 의견을 피력하려면 다른 사람의 의견도 모두 들어봤다는 점을 강조해야 한다. 상사는 워크숍이 무엇보다도 사람들의 관계를 돈독히 할 수 있는 계기가 되길 바랄 것이다. 직원들과 친목을 도모하기에 더할 나위 없는 장소를 소개하라. 이때 '이런저런 상황을 모두 고려하여 결정했다'는 사실을 반드시 확인시켜주어야 한다.

개혁가형 상사

의사결정 방식
"이봐, 가봤어?"

1. 개혁가형 상사의 의사결정 기준은 '경험'과 '체험'이다

개혁가형 상사는 "해봤어?" "가봤어?"를 입에 달고 산다. 식당을 정할 때도 부하 직원이 어느 장소를 추천하면 "가봤어?" "먹어봤어?"라고 묻는다. 그렇기 때문에 의견을 제시할 때도 체험과 경험을 강조하는 것이 중요하다. 개혁가형의 내면에는 결함이 드러나는 데 대한 근본적인 두려움과 콤플렉스가 있다. 자신도 모르게 '완벽해야 한다'는 집착이 있으며, 몸으로 경험하고 체험해야 완벽하다는 생각을 갖고 있다. 개혁가형 상사는 근거 자료나 논리적인 이유보다 직접 체험하고 경험한 것을 가장 큰 재산이라고 생각하며, 그것만큼 믿을 것이 없다는 생각을 갖고 있다.

2. 직접 해본 다음에 보고하라

개혁가형 상사에게는 반드시 직접 가본 곳을 추천해야 한다. "가보지도 않고 그곳이 어떤지 어떻게 아느냐?"는 질문이 나오면 어떤 논리적인 설명도 통하지 않는다. 경험과 체험을 해보지 않은 장소를 섣불리 선택했다간 나중에 문제가 발생할 수 있다는 사실을 염두에 두어라.

협력가형 상사

> **의사결정 방식**
> "다른 부서는 어디로 가는지 알아봤나?"

1. 협력가형 상사의 의사결정 기준은 '타인'이다

협력가형 상사는 자신보다도 다른 사람에게 더 많은 관심을 둔다. 그래서 다른 사람은 어떻게 하는지, 다른 사람의 생각은 어떤지가 중요하다. 협력가형 상사가 타인을 의식하는 이유는 다른 부서보다 못한 곳으로 간다거나 더 좋은 곳으로 갈 경우 다른 사람들이 자신을 싫어하고 외면할 것이라고 생각하기 때문이다. 협력가형의 내면에는 근본적으로 '사랑받지 못할까봐'라는 두려움이 내재되어 있다. 그렇기 때문에 늘 남이 나를 어떻게 보는지에 관심이 많고, 좋은 사람이 되기 위해 남에게 맞추는 데 집착하는 경향이 있다.

2. 타인이나 타 부서와 비교한 뒤 보고하라

협력가형 상사는 타인을 의식하는 경향이 강하기 때문에 "다른 부서는 어디로 간대?"라고 물어볼 가능성이 크다. 협력가형 상사의 질문에 대처하려면 타 부서의 워크숍 장소까지 미리 알아볼 필요가 있다. 분명 협력가형 상사는 타 부서와 자기 부서를 비교해서 보고받길 원할 테니 이에 미리 대비하라.

성취가형 상사

> **의사결정 방식**
> "그곳에 회의장은 있나?"

1. 성취가형 상사의 의사결정 기준은 '효율'이다

성취가형 상사에게는 워크숍도 일의 일부분이다. 일에 대해 공유하고 계획을 세우는 자리니만큼 회의장이 있어야 하는 건 당연지사. 놀다 올 거라면 차라리 회사에서 회의와 회식으로 해결하는 게 효율적이라고 생각한다. 성취가형은 자신이 얼마나 많은 일, 다양한 일을 효율적으로 처리했느냐에 따라 자신감을 갖기도 하고 자괴감에 빠지기도 한다. 성취가형의 내면을 깊숙이 들여다보면 실패에 대한 근본적인 두려움과 콤플렉스를 갖고 있다. 그렇기에 일과 성공에 크게 집착하며, 단시간 내에 성공하기 위해 효율을 중요하게 여긴다.

2. 효율성을 강조하라

'워크숍도 일이다'라는 일 중심적 사고에 맞추려면 그에 부합하는 장소를 물색해야 한다. 조금 부실하게 먹고 자더라도, 직원들끼리 놀 장소가 여의치 않더라도 회의장이 확보되어 있다면 상사를 설득할 수 있을 것이다. 성취가형은 어떤 사안에 대해 결정을 내릴 때 목적과 일을 먼저 생각하여 효율적이고 분명한 성과가 있어야 한다고 생각한다.

예술가형 상사

의사결정 방식
"또 거기야? 맨날 가는 데잖아? 좀 특별한 데는 없는지 알아보게."

1. 예술가형 상사의 의사결정 기준은 '특별함'이다

예술가형 상사는 워크숍을 일로 치지 않는다. 남의 이목도 크게 개의치 않는다. 타 부서보다 훨씬 고급스러운 장소를 정했다면 의기양양하게 자랑하며 가면 그뿐이다. 워크숍은 사람들과 야외에 나가서 서로의 마음을 공유하는 '특별한 날'이라고 생각하기 때문이다. '이렇게 멋진 날 남의 눈치를 왜 보는가?' '회사에서 벗어났는데 굳이 딱딱한 회의장에 앉아 있을 필요가 있는가?'라고 생각한다. 예술가형의 내면에는 평범해 보이는 것에 대한 근본적인 두려움과 콤플렉스가 있어 독특해야 한다는 데 집착을 보인다. 특별한 날 색다른 장소로 떠나고 싶어 하는 건 예술가형의 당연한 심리다.

2. 차별성을 가지고 보고하라

예술가형은 천편일률적인 환경에서는 도무지 느낌이 오지 않는다. 특별한 시간, 특별한 공간일 때 기분이 고조되고 뭐든 하고 싶은 마음이 생긴다. 그러므로 색다르고 특별한 워크숍 장소를 섭외해서 보고하라. 예술가형 상사의 특별하다면 특별한, 때로는 까다로운 시각과 미각을 신경 써야 한다. 풍경과 음식이 예술가형 상사에게 만족을 줄 수 있을지도 충분히 고려하라.

탐구가형 상사

> **의사결정 방식**
> "다 따져봤어? 그곳으로 정한 이유가 뭔가?"

1. 탐구가형 상사의 의사결정 기준은 '분석'이다

탐구가형 상사는 어떤 주제든 깊이 있게 분석해서 결정한다. 탐구가형이 분석을 하면 할수록 문제점이 드러난다. 그래서 장점을 뽑아내기보다 문제점을 지적하기를 잘한다. '분석'을 중요하게 여기는 까닭은 다른 이들이 잘 알지 못한 부분을 자신은 잘 알고 있다는 것을 드러내려는 심리가 있기 때문이다. 그리고 그것에 대해 '아는 척'하고 싶어 하는 욕구가 있다. 탐구가형의 내면에는 무능해지는 것에 대한 근본적인 두려움과 콤플렉스를 갖고 있어

늘 알아야만 한다는 데 집착을 보인다.

2. 분석은 기본! 수치화하고 압축해서 보고하라

탐구가형 상사에게 대처하려면 모든 면을 완벽하게 분석했다고
자만해서는 안 된다. 탐구가형 상사는 분석에 머무르지 않는다.
그 결과를 수치화하고 압축해서 말해야 납득시킬 수 있다. 그러
므로 이것저것 모든 상황을 따져봐야 한다. 위치, 비용, 환경, 제
공되는 것 등을 압축해서 설명할 수 있도록 준비하라. 설명할 것
중에 수치화할 부분은 반드시 수치화하라. 탐구가형 상사를 대할
때에는 좀 유식한 척하는 게 효과적이다. 그래야 부하 직원을 무
시하지 않고 지적으로 대할 것이다.

모범생형 상사

의사결정 방식
"이거 확실하게 알아본 거 맞아? 이 자료는 믿을 만해?"

1. 모범생형 상사의 의사결정 기준은 '안전'이다

모범생형은 어떤 사안이든 관련된 자료를 쌓아놓고 선별하는 데
익숙하다. 자료가 많으면 많을수록 확률적으로 좀 더 안전한 선
택을 할 수 있고, 만약의 경우 발생할 수 있는 모든 비상사태에
대비할 수 있기 때문이다. 기본적으로 모범생형은 다른 유형에
비해 공포증이 심하므로 업무를 할 때도 실패에 대한 두려움이

외부로 표출된다. 그러므로 항상 확인에 대한 집착을 보인다. 그래서 부하 직원에게 몇 차례에 걸쳐 "과연 확실할까?"라며 의심하는 질문을 던진다.

2. 믿을 만한 관련 자료로 신뢰를 얻어라

모범생형 상사에게 신뢰를 주기 위해서는 분명하고 철저하게 준비해야 한다. 상사가 의심할 만한 여지를 주어서는 안 된다. 지적할 때마다 준비된 자료를 내보이며 설명할 수 있어야 한다. 그러므로 워크숍 장소에 대해 보고하려면 믿을 만한 관련 자료부터 수집해야 한다. 모범생형 상사에게 "이 자료는 믿을 만하지 못하군"이라는 말이 나오면 신뢰를 잃은 것이다. 그러면 처음부터 일을 다시 시작해야 한다.

모험가형 상사

의사결정 방식
"아니, 즐길 게 없잖아? 바다밖에 없네!"

1. 모험가형 상사의 의사결정 기준은 '재미'다

모험가형은 항상 '색다르고 기발한 건 없을까?' '더 행복한 건 뭐지?' '더 재미있는 건 뭘까?'라는 생각으로 의사결정을 한다. 어떤 사안이든 고정관념에 틀어박힌 것은 배척하고 기존과 다르면서 즐거운 일이라고 여겨지는 것을 선택하려 한다. 모험가형의 내면에는 고통을 피하고 싶은 욕구가 있기 때문이다. 그래서 진지하고 따분한 걸 견디지 못하고 늘 즐거워야 한다는 집착을 보인다. 모험가형 상사 앞에서 장황한 설명은 금물이다. 장황한 자료를 보이면서 보고하면 모험가형 상사는 금세 딴청을 피운다. '요점만 간단히!' 대신 그 요점 속에 반드시 색다른 아이디어가 담겨 있어야 한다.

2. 긍정적인 면을 부각하라

모험가형 상사의 의사결정 방식을 맞추려면 어떤 사안이든 부정적인 면보다는 긍정적인 면을 부각해야 한다. 기본적으로 만일의 사태나 심각한 결과까지 생각하고 싶어 하지 않는 모험가형 상사 앞에서, 잘 안 될 경우를 강조하다 보면 고지식하고 모험심 없는 부하 직원으로 낙인찍히기 십상이다. 모험가형 상사는 무엇보다 '재미'를 찾을 수 있는 장소를 원한다. 워크숍이 일종의 기분 전환이 되기를 바라기 때문이다. 워크숍에 가서 놀다 지칠 만큼 새롭고 다양한 놀거리, 볼거리가 많은 곳을 알아보라.

예술가형의 차별

기획팀에서 협조문이 전달되었다.

화합가형인 김 과장이 내용을 보니 시급하게 처리해야 하는 일이었다.

협조문을 들고 상사인 정 부장을 찾아갔다. 정 부장은 예술가형이다.

김 과장은 정 부장에게 기획팀에서 온 협조문을 전달하며 상황을 이야기했다. 그리고 빨리 승인해주기를 기다리고 있었다.

정 부장은 문서를 휘리릭 넘겨보더니 "기획팀에서 온 거잖아. 두고 가봐"라며 옆으로 치워놓는다.

김 과장은 급한 마음에 "지금 결재를 해주셔야 빨리 진행할 수 있을 것 같습니다"라고 말했지만, 정 부장은 "그냥 두고 가라니까"라는 말만 되풀이한다.

김 과장은 하릴없이 "예……." 하고 돌아선다.

상사가 나가라고 해서 나왔지만, 도무지 이해가 가지 않는다. 빨리 해결해줘야 할 텐데, 걱정이 이만저만이 아니다.

예술가형은 사람에 대한 호불호가 유달리 강하다. 좋아하는 사람은 미운 짓을 해도 예쁘고, 싫어하는 사람은 예쁜 짓을 해도 밉다. 평소 기획팀장과 사이가 안 좋았던 정 부장이 기획팀에서 온 협조문에 흔쾌히 승낙할 리 없는 것이다. 그런 속내를 알게 된 김 과장. 일도 일이지만, 기획팀장과 정 부장이 이번 일로 갈등이 생길까봐 걱정이다. 김 과장은 누구에게 강요하는 성격이 아니므로 말도 못 하고 결재가 나기만 기다리고 있다.

상사의
동의(보고, 결재)
구하기

프로젝트 건으로 중국 출장을 다녀온 김 과장이 이 부장에게 출
장 경과를 보고하고 경비 관련 결재를 받아야 했다. 빈손으로 들
어가기 뭣해서 중국 출장에서 사온 중국차를 준비해 보고 자료와
결재 서류를 들고 이 부장 방으로 들어갔다.

"부장님! 중국 출장 건에 대한 보고를 드리고 결재도 받을 게
있어서 왔습니다. 참, 이건 중국차인데요. 그냥 작은 선물입니다."

"네, 그래요. 고마워요."

"운남성에서 만들어진 보이차라고 하는데요. 청나라 때 황제에

게 진상하던 차라고 합니다."

"아, 네."

"이 차는 물의 온도가 중요한데요……."

"이봐요! 김 과장, 보고를 하러 온 겁니까, 아니면 보이차 강의를 하러 온 겁니까?"

"아, 예."

"일단 보고서부터 줘보세요."

"이 보고서의 핵심이 뭐예요?"

그러자 김 과장이 주섬주섬 보고서를 뒤적이다 주뻣거리며 말을 꺼냈다.

"그게 말입니다, 우리 회사가 중국 시장에 진입하려면……."

"이봐요, 김 과장! 이게 무슨 보고섭니까? 당신 생각을 적어놓은 거지! 뭔가 구체적이고 명확한 데이터나 객관적인 정보가 있어야 될 거 아닙니까! 다시 정리해 오세요!"

"그게 아니고 부장님! 제가 그냥 말로 하면……."

"뭐요? 출장 보고서를 말로 하다니! 그리고 저는 차 별로 안 좋아하니까 김 과장이나 많이 드세요."

김 과장으로서는 정말 황당하기 그지없는 상황이 되었다. 어떻게 해야 이 부장이 만족할 만한 보고서를 제출할 수 있을까? 아니, 그리고 차가 싫으면 싫은 거지 사람 성의는 왜 무시하는 거야?

상사에게 업무 보고를 하고 결재를 받는 일은 직장 생활에서 가장 어려운 일일 수 있다. 상사가 결재판을 집어던지며 큰소리를 지르고 부하 직원은 고개를 숙인 채 서 있는 모습이 쉽게 머릿속에 그려진다. 똑같은 사안이라도 어떤 직원은 손쉽게 결재를 받는가 하면, 또 다른 직원은 별 이유 없이 혼이 나거나 흠을 잡혀 원하는 결과를 얻어내지 못하는 경우도 있다.

거기에는 나름대로 이유가 있다. 바로 상사의 결재 취향과 스타일을 읽어내는 능력의 차이에서 비롯된다. 어떻게 하면 상사가 좋아하는 보고 방식, 결재 스타일을 알아낼 수 있을까? 상사의 성격 유형을 통해 상사의 동의를 끌어낼 수 있는 방법에 대해서 알아보자.

9가지 성격 유형에 따라 보고하기

보스형 상사

효과적인 보고 방법
"결론부터 말씀드리자면 이렇습니다."

1. 결론부터 말하라

보스형 상사는 성격이 급하다. 말을 꾸미거나 돌리지 말고 단도직입적으로 말하는 것을 좋아한다. 그러므로 결론부터 빨리 이야기한 후에 관련된 상황과 이유를 구체적으로 설명하면 된다. 보고할 때 특히 주의해야 할 점은 '남들이 그러는데……'라는 식의 대화법은 최악이 될 수 있다는 것. '남들'이라는 말을 꺼내자마자 "자네 생각은 뭔가?" "그래서 어떻게 하자는 건가?"라고 맞받아 칠 것이다. 그럴 땐 그냥 솔직한 자기 소신을 이야기하는 것이 중요하다.

2. 3초 내에 답하라

보스형 상사가 질문을 하면 3초 내에 답을 내놓아야 한다. 잠깐 동안이라도 가타부타 말이 없으면 보스형 상사는 자신의 질문이나 의견에 반대하는 것으로 간주한다. 탐구가형과 모범생형 상사는 대개 부하 직원이 대답을 안 하면 '수긍한다'는 의사 표현으로 받아들인다. 그러나 보스형 상사는 대답을 안 하면 거부나 무시로 받아들인다는 것을 명심하라. 또한 실수나 잘못이 있다면 즉각 사실대로 보고하고 도움을 요청하라. 변명하지 않고 실수를 인정하면 오히려 문제 해결을 위해 도움을 베풀고 보호해줄 것이다.

화합가형 상사

> **효과적인 보고 방법**
> "전체적인 상황을 말씀드리겠습니다."

1. 전체적인 상황을 다 고려한 의견임을 부각하라

화합가형 상사는 무언가를 결정할 때 전체 상황을 보고 판단하는 스타일이다. 전체적인 상황을 다 고려한 결론임을 부각하고 혼자만의 독단적인 생각이 아니라 여러 사람들의 중지를 모은 의견임을 피력하는 것이 무엇보다 중요하다. 예상되는 의견과 해결책까지 제시하면 금상첨화다.

2. 결재를 위한 충분한 시간을 줘라

화합가형 상사에겐 다양한 상황들을 고려할 충분한 시간과 여유를 줘야 한다. 시간이 촉박하거나 결정을 재촉하면 오히려 상대의 의견을 반박하려 든다. 따라서 최종 보고 전에 일의 진행 상황을 수시로 보고하는 것이 좋다. 화합가형 상사는 돌아가는 상황만 알고 있으면 최종 보고 때 신속하게 결재를 해줄 것이다. 또 말은 안 해도 모든 일을 어느 정도 알고 있음을 명심하라. 화합가형 상사가 평소 겸손하고 너그러운 모습을 보인다고 함부로 행동해서는 안 된다.

개혁가형 상사

효과적인 보고 방법
"이렇게 해야 하는 이유는 이렇습니다."

1. 간단명료하게 이유를 설명하라

개혁가형 상사에게 몇 시에 보고하겠다고 했으면 정확하게 시간 약속을 지켜야 한다. 만약 약속을 못 지킬 경우에는 반드시 사전에 양해를 구해야 한다. 보고할 때는 그것을 해야 하는 이유를 간단명료하게 설명해야 한다. 보고 후 결재가 완료되면 "바로 진행하겠습니다"라는 멘트를 사용해서 실행 의지를 보여라.

2. 책임감과 공적인 모습을 부각하라

개혁가형 상사는 깐깐하게 보이지만, 일단 '책임감 있고 공적인 사람'이라는 신뢰가 쌓이면 대부분의 보고가 관대하게 통과될 수 있다. 맡은 일에 대해 공적인 자세로 책임감 있게 준비하고 실행하고 있음을 부각하라. 결재 사항에 문제가 생기면 잘못을 정중히 사과하고 바로 고치려는 모습을 보여라. 말로 대충 넘어가려는 태도는 최악임을 기억하라.

협력가형 상사

> **효과적인 보고 방법**
> "팀장님, 선물입니다~."

1. 인간적으로 다가가라

협력가형 상사에게 결재를 받거나 보고를 할 때는 너무 업무적으로 딱딱하게 이야기하지 말고 인간적으로 다가가는 것이 좋다. 결재를 받으러 가서도 "팀장님, 오늘 넥타이가 멋지신데요!" 같은 말로 상사를 추켜세우면 원하는 결과를 쉽게 얻어낼 수 있을 것이다.

2. 작은 선물을 활용하라

협력가형 상사에게 보고할 때는 앞서 얘기했던 김 과장처럼 상사가 좋아하는 차를 준비해보자. 출장이나 외근을 다녀올 때도 부담 없는 가격의 작은 선물이라도 준비하면 그 효과가 배가될 것이다. 작은 정성으로 큰 신뢰를 얻을 수 있는 성격 유형이 바로 협력가형이다.

성취가형 상사

효과적인 보고 방법
"계획대로 완벽하게 처리했습니다!"

1. 상사의 스케줄 상황을 체크하라

성취가형 상사는 늘 계획적으로 스케줄을 짜서 움직이기 때문에 결재를 받거나 보고 사항이 있을 경우 반드시 상황을 확인하는 것이 좋다. 불시에 결재 서류를 내밀거나 보고를 하면 성취가형 상사는 매우 불쾌하게 받아들일 수 있다. 그의 스케줄을 방해하지 마라.

2. 핵심만 간결하게 보고하고, 숫자 데이터를 활용하라

성취가형 상사에게 보고할 때는 결재 내용의 핵심만 간결하게 설명하고, 숫자를 최대한 활용하는 것이 좋다. 장황하고 긴 설명은 배척당하는 지름길이다. 그리고 상사가 물어보기도 전에 뭔가를 설명하려고 나서지 말고, 물어보면 그때 정확하게 대답하는 것이 좋다. 또한 회의나 브리핑 자리에서는 실적, 통계치 등 업무에 관련된 숫자를 최대한 미리 암기하고 명확한 숫자를 활용하여 정확하게 보고해야 한다.

예술가형 상사

> **효과적인 보고 방법**
> "팀장님, 이것 좀 보세요! 새로운 사실을 발견했습니다!"

1. '기분'부터 파악하라

예술가형 상사는 감정 기복이 심한 '기분파'다. 다른 유형도 마찬가지지만, 상사가 예술가형이라면 기분 파악이 특히 중요하다. 기분이 나쁠 때는 아무리 합리적이고 중요한 안건도 거들떠보지 않지만, 좋을 때는 누구보다도 폭넓은 포용력을 발휘한다.

2. '차별성'과 '창의력'을 강조하라

예술가형 상사에게 보고할 때는 결재 내용에 대해 기존의 것과 확연히 다른 차별성과 창의력을 강조하는 것이 좋다. 말투는 강하고 확신에 찬 듯, 또는 형식에 맞추기보다는 부드럽고 차분하게 하는 것이 좋다. 또한 예술가형 상사에게 인정을 받으려면 독특하고 혁신적인 내용을 강조하면 큰 효과를 볼 수 있다. 예술가형은 질투심이 많으므로 부하 직원이 상사보다 잘한다는 생색을 내서는 안 된다. 처음에는 칭찬하겠지만 곧 어떤 방법으로든 부하 직원을 괴롭힐 것이다.

탐구가형 상사

효과적인 보고 방법
"이번 건의 핵심은 이겁니다!"

1. '논거'와 '근거'를 제시하라

탐구가형 상사에게 보고할 때는 전문성과 논리로 어필해야 한다. 다시 말해 풍부한 데이터와 지식, 객관적인 논리와 근거를 가지고 보고해야 동의를 얻어낼 수 있다. 장황하게 두서없이 이야기하거나 감정을 피력하면 탐구가형 상사는 냉소적으로 반응한다. 게다가 무능하다는 인식도 줄 수 있다. 보고서는 반드시 데이터와 숫자를 활용하라.

2. 사전에 검토할 수 있도록 미리 자료를 제출하라

탐구가형 상사는 주로 "대체 핵심이 뭔가?" "무슨 근거로 그런 얘길 하지?"라고 묻는다. 사전에 검토할 수 있도록 미리 자료를 보낸 후, 나중에 보고하는 것도 좋은 방법이다. 불만이나 건의 사항도 미리 생각할 시간을 가질 수 있도록 이메일로 보내는 것이 좋다.

모범생형 상사

효과적인 보고 방법
"관련 사항에 대한 객관적 정보는 별도로 첨부했습니다."

1. 도움이 될 수 있는 자료를 충분히 첨부하라

모범생형 상사에게 동의를 얻어내기 위해서는 반드시 만약에 일어날 수 있는 모든 부정적인 상황에 대해 준비해야 한다. 상사가 자료를 보면서 지적하거나 염려할 법한 사항에 대해 미리 준비해 대처 방안을 이야기하면 신뢰를 얻을 수 있다. "뭐 그런 것까지 신경 쓰세요?"라는 말은 그의 존재 가치를 무너뜨리는 것이다. 빈틈없이 확실하게 준비했다는 인상을 주는 것이 모범생형 상사의 동의를 이끌어내는 방법이다. 그렇기 때문에 검증된 자료나 객관적인 통계자료, 정확한 데이터 등 결정에 도움이 될 수 있는 정보들을 빠짐없이 첨부하는 것이 좋다.

2. 결재를 재촉하지 마라

모범생형 상사는 자신의 머릿속에서 완전히 동의할 때까지 모든 상황을 체크하는 스타일이라 의사결정이 늦는 편이다. 그렇더라도 결재를 재촉하지 마라. 또한 단정한 용모, 깍듯한 예의를 갖추는 것을 좋아한다. 그러나 지나친 친절이나 과장된 표현은 좋지 못한 의도를 갖고 있다고 의심받을 수 있으니 주의하라.

모험가형 상사

1. 빠르게 전달하라

지시가 떨어지면 일단 빠르게 정리해서 상사에게 전달하는 것이 중요하다. 앞에서도 이야기했듯이 모험가형은 다른 유형보다 일 처리 속도가 빠르기 때문에 자신이 빠른 만큼 상대도 신속하게 일을 처리하길 원한다. 단, 빠르게 처리하되 결정된 사항에 대해서는 타당한 이유를 들어 설명해야 한다. 모험가형 상사도 사고력 중심의 머리형이기 때문에 상사를 이해시키지 못하면 결재를 받을 수 없다.

2. 새로운 흥밋거리를 제공하라

모험가형 상사는 보고서를 자세하게 검토하는 편이 아니다. 늘 하던 것을 가지고 오면 관심을 보이지 않고 기계적으로 처리한다. 모험가형 상사는 '흥밋거리'를 찾는 유형이므로 새로운 아이디어와 가능성에 초점을 맞춰 동의를 이끌어내는 것이 좋다. 자신이 생각하지 못했던 것을 부하 직원이 제안하면 관심을 갖고 동참한다.

도대체 이해가 안 되는
예술가형의 필

날씨가 화창한 오후에 예술가형 팀원이 탐구가형 팀장에게 "저, 내일 월차 좀 쓸 수 있을까요?"라고 묻는다. 팀장은 일정을 살펴본 뒤 흔쾌히 그러라고 말한다. 다음 날, 팀원은 비행기를 타고 제주도로 향했다. 제주도의 따뜻한 햇살을 느끼며 자유롭게 걸어 다니다 전망이 좋은 커피숍을 찾아 커피 한 잔의 여유를 즐겼다. 그러고는 그다음 날, 기분 좋게 출근해서 "팀장님, 안녕하세요"라고 반갑게 인사를 한다.

지나가던 사람들이 "무슨 좋은 일 있어?"라고 묻는다.

그러자 "어제 제주도에 갔다 왔거든요"라고 답한다.

"평일에 웬 제주도? 가서 뭐했는데?"

"걸어 다니다가 분위기 좋은 데서 커피 마셨어요."

듣고 있던 팀장이 작은 목소리로 이야기한다.

"아니, 커피 마시러 제주도까지 갔단 말이야? 커피 한잔 마시자고 그 비싼 항공료를 투자한 거야?"

뒤돌아선 팀장은 속으로 '저게 무슨 뻘짓이지? 정말 비효율적이야. 이해가 안 돼'라며 고개를 절레절레 흔든다.

그런가 하면 팀원은 속으로 '팀장님이 분위기를 아나? 인간미도 없이 메말라 가지고는. 필이 뭔지도 모르면서'라면서 팀장이 한 말을 무시하고 기분 좋은 하루를 보낸다.

예술가형은 다른 유형이 납득하기 어려운 일을 잘 한다. 어떤 때는 너무 즐거워하다가 갑자기 너무 우울해하기도 한다. 하루에도 몇 번씩 변하는 감정의 기복 때문에 다른 유형은 어느 장단에 맞춰야 할지 감을 잡기 힘들 때가 있다.

Chapter 3

고객
내 편 만들기

고객 마음
사로잡기

백화점 의류 매장에서 근무하는 김 대리가 매장을 둘러보는 한 고객을 발견했다. 김 대리는 빠른 걸음으로 고객 앞으로 다가가 인사를 하고 이야기를 시작한다. "고객님, 혹시 찾으시는 거 있으세요?"

고객은 "그냥 좀 볼게요"라고 말한다.

혹시나 해서 김 대리는 고객에게 물건을 보이면서 "고객님, 이게 최신 유행하는 건데요. 스타일이 정말 잘 빠졌어요"라고 또 말을 건다.

고객은 "아니요, 그냥 제가 천천히 볼게요"라고 답한다.

김 대리는 '이 스타일이 아닌가……' 싶어서 또 다른 옷을 들고 와 설명을 늘어놓는다.

"그럼 고객님, 이 옷은 어떠세요? 고객님이 입으시면 정말 잘 어울릴 것 같아요."

그러자 갑자기 고객은 냉랭한 표정을 짓더니 "다른 곳도 좀 둘러보고 올게요"라고 툭 던지고는 매장 밖으로 나가버린다.

김 대리 입장에서는 난감하고 이해가 안 갈 뿐이다. '난 위해준답시고 한 건데, 도대체 뭐가 저렇게 못마땅한 거야? 하여튼 챙겨줘도 난리야.'

"여자는 반값이면 필요 없어도 사고, 남자는 필요하면 웃돈 주고도 산다"는 말이 있다. 남녀도 남녀지만, 각자의 성격 유형에 따라서도 구매 스타일이나 마음이 움직이는 이유가 다르다.

어떤 사람은 성능 대비 가격을 꼼꼼하게 비교해서 효율적이라고 판단되면 구매하는 반면, 분위기 혹은 파는 사람에 따라 구매를 결정하는 사람도 있다. 깍듯하게 예의를 갖추어 대하는 것을 좋아하는 고객이 있는 반면, 너무 깍듯하고 예의를 갖추면 오히려 부담스러워하는 고객도 있다. 또 이것저것 다 일일이 설명해주는 것을 좋아하는 손님도 있는 반면, 그런 걸 귀찮게 붙어 다닌다고 성가셔하는 손님도 있는 법이다.

우리는 직장에서 늘 고객을 상대해야 한다. 그러나 고객이 어떤 방식을 좋아하는지는 생각해보지 않고 그저 자기 방식대로만

고객을 대하는 경우가 다반사다. 이제부터 이런 우를 범하지 않고 고객의 스타일과 성격에 맞춰 응대하려면 어떻게 해야 할지 알아보자.

9가지 성격 유형에 따른 고객 응대하기

보스형 고객

효과적인 응대법
"이 상품이 우리 매장에서 제일 좋은 물건입니다!"

1. 최고의 품질과 브랜드임을 강조하라

보스형 고객은 최고를 고집하는 성향이 있다. 그 부분을 부각하면 효과가 있다. 또한 호탕하고 배포가 커 일단 제품이 맘에 들면 가격은 그다지 상관하지 않는다. 오히려 '싼 게 비지떡'이라고 생각한다.

2. 왕처럼 대접하라

보스형 고객은 한마디로 '고객은 왕이다'라고 생각하는 타입이다. 왕으로 대접받기를 원하는 만큼 진심으로 성의와 친절을 보여주면 좋은 소문을 내고 대량 구매도 서슴지 않는 훌륭한 단골이 될 것이다. 그리고 보스형 고객은 사람의 능력과 신뢰도를 평가할 때 외모를 매우 중요시한다. 그러므로 보스형 고객을 접대하는 사람은 항상 프로다운 복장을 갖추어야 한다.

화합가형 고객

효과적인 응대법
"이게 제일 깔끔하면서도 편안한 제품이에요."

1. 보편적이고 쓰기 편한 상품을 권하라

화합가형 고객은 대체로 변화에 느리게 반응하고 전통적인 가치를 중요하게 여기므로 보편적이고 검증된 상품을 추천하는 것이 좋다. 최첨단 상품이나 튀는 디자인은 가급적 피하고, 단순하면서도 사용하기 편리한 상품을 권하라.

2. 선택의 폭을 좁혀줘라

화합가형은 우유부단하고 결정하는 것 자체를 힘들어하므로 선택의 폭을 좁혀주는 것도 고객에 대한 배려다. 대체로 2~3가지 상품을 자신 있게 추천하면 화합가형 고객은 쉽게 끌려온다. 단, 강압적인 느낌이 들지 않도록 강약 조절이 필수다. 화합가형 고객은 차근차근 꾸준히 신뢰를 구축해야 한다. 경쟁 상품이나 다른 세일즈맨에 대한 험담은 절대 금물이다.

개혁가형 고객

1. 공신력을 부각하라

개혁가형 고객은 품질 보증에 민감한 유형이므로 공신력을 부각하라. 이들은 공식적인 지침에 약하다. 언론보도, 여론조사, 품질보증 마크 등 제조회사에 대한 공신력을 보장할 수 있는 자료를 최대한 동원하는 것이 좋다.

2. 진지하고 성실하게 응대하라

개혁가형 고객은 기본과 원칙을 중시하는 만큼 고객에 대한 기본과 원칙을 요구한다. 그러므로 진지하고 성실한 자세로 응대하라. 초면에 가볍고 싱거운 농담은 금물이다. 잘 갖추어진 복장, 정중한 인사, 친절과 예절은 기본이다. 쉽고 직설적인 용어를 사용하면 효과가 있다.

협력가형 고객

1. 인간적인 호감을 적극 표현하라

'당신에게 특별한 호감을 느끼며 개인적인 우정이 비즈니스보다 중요하다'는 뜻의 친근한 눈빛을 보내라. 개인적인 질문을 던지는 것도 좋다. 논리적이고 복잡한 제품 설명보다는 차 한 잔을 대접하는 게 훨씬 효과적이다. "정말 잘 어울려요!" "이런 거 아무나 소화 못 해요!" 같은 칭찬으로 확신을 줘라. 협력가형은 겉으론 튀는 걸 꺼리지만 마음속에는 누구보다 돋보이고 싶은 욕구를 가지고 있다.

2. 작은 선물을 자주 하라

협력가형 고객에게 작은 선물이나 할인쿠폰, 감사의 카드 등을 선사하라. 협력가형은 보답하려는 성향이 강한 유형이므로 당장은 아니더라도 나중에 더 많은 물건을 구매할 것이다. 게다가 입소문도 많이 내고 다른 고객도 많이 소개해줄 것이다.

성취가형 고객

> **효과적인 응대법**
> "이게 우리 가게에서 제일 잘 나가는 거예요."

1. 본론으로 들어가라

성취가형 고객과 상담할 때는 바로 본론으로 들어가는 것이 좋다. 성취가형 고객은 긴 서두에는 관심이 없다. 실용성, 효율성, 가

성비, 고객의 비즈니스에 미치는 영향 등을 강조하면 좋다. 이때 '능률적' '효과적' '혁신적' 같은 말을 사용하는 것이 효과적이다.

2. 시간을 많이 빼앗지 마라

성취가형은 늘 계획적이고 바쁜 것이 생활화되어 있기 때문에 고객이 얼마나 바쁘고 중요한 사람인지 이해하고 존경하는 태도를 보이면 좋다. 고객의 시간을 많이 빼앗지 않겠다는 이야기를 하라. 지나치게 친절하게 대하면 오히려 싫어하므로 적당한 거리를 두고 생각할 여유를 주는 것이 좋다. 특히 성취가형 고객에게는 '프로페셔널'하게 응대하라.

예술가형 고객

효과적인 응대법
"역시 센스 있으셔~. 보는 눈이 진짜 남다르시네요!"

1. '특별한' 사람들이 찾는 물건임을 강조하라

예술가형 고객에게는 새롭고 독특한 디자인, 상품임을 강조하라. 그들은 "이 제품은 마니아들이 선호하는 제품입니다" "역시 보는 눈이 남다르시네요!"처럼 자신이 뭔가 '특별하다'는 말을 듣는 걸 좋아한다. 또 양보다 질을 우선시하며, 독창적이고 혁신적인 최첨단 상품에 끌린다.

2. 외모와 감각을 칭찬하라

예술가형 고객은 수준 있는 외모와 매너를 좋아하므로 매너 있는 세일즈맨임을 연출해야 한다. 또한 자신의 외모와 감각에 대해 칭찬받기를 좋아한다. 그래서 "워낙 스타일이 좋으셔서" "잘생겼다" "감각이 뛰어나다" 같은 말에 약하다. 예술가형 고객을 대할 때는 특별한 왕자, 공주처럼 대접하고 시중들듯 세세하게 정성을 쏟아라. 이때 가식적인 티를 내지 않는 게 중요하다.

탐구가형 고객

> **효과적인 응대법**
> "비대칭 구조의 부드러운 섬유로 만든 이 의상은 세련미와 율동미를 줄 수 있습니다. 윤이 나는 벨벳, 벨로아, 실크는 빛을 반사해서 오히려 몸을 더 커 보이게 할 수 있죠. 그보다는 이 상품이 손님에게 훨씬 잘 어울립니다."

1. 전문적인 지식으로 무장하라

탐구가형 고객에게는 전문적인 상품 지식으로 다가가야 한다. 이들은 상품에 대한 지식이 풍부한 사람에게서 물건을 구매하고자 한다. 탐구가형 고객의 질문에는 차분하고 꼼꼼한 태도로 핵심만 간단명료하게 대답하라.

2. 지나친 친절은 금물이다

탐구가형 고객에게 지나친 친절은 금물이다. 오버한다고 생각한다. 편안한 느낌과 부담스럽지 않을 정도의 친절이면 족하다. 사적인 잡담으로 인간관계를 발전시키려고 노력하지 말고 비즈니스는 비즈니스로 풀어야 한다. 탐구가형 고객에겐 매뉴얼을 보여주는 것이 좋다. 미리 문서로 보내면 더욱 효과적이다.

모범생형 고객

> **효과적인 응대법**
> "입어보시고 문제가 생기면 언제든 반품하실 수 있습니다. 하지만 절대 그럴 일은 없으실 겁니다."

1. 의심을 해소시켜줘라

모범생형 고객은 의심이 많다. 그렇기 때문에 의심을 최소화하는 것이 가장 중요하다. 품질보증, 권위 있는 기관의 검사자료, 배경지식 등을 최대한 동원하는 것이 좋다. 해당 상품에 대한 잠재적 위험과 해결책을 제시하면 더욱 신뢰받을 수 있다. 모범생형 고객은 의심이 해소되어야 물건을 구매하는 스타일이므로 충분히 생각하고 고려할 시간을 주어야 한다. 미리 상세한 자료를 건네주거나 시험 사용 기간을 주는 것도 방법이다.

2. 모범 세일즈맨의 이미지를 연출하라

모범생형 고객은 성실하고 사려 깊고 조직적인 사람을 좋아하므로 모범 세일즈맨의 이미지를 연출하면 좋다. 복장과 서류 가방을 잘 정돈하고, 회사 상품에 대한 흔들림 없는 신뢰와 헌신적인 태도를 보여라. 쇼맨십, 지나친 친절이나 스킨십은 오히려 역효과를 가져올 수 있다.

모험가형 고객

> **효과적인 고객 응대법**
> "이 상품이 최첨단 제품이에요. 구겨지지도 않고 빤 다음에도 그냥 툭툭 털면 바로 입을 수 있습니다."

1. 실질적인 혜택을 부각하라

모험가형 고객은 현실적인 이해관계에 대한 계산이 가장 빠른 유형이다. 그렇기 때문에 모험가형 고객을 응대할 때는 실질적인 혜택이 무엇인지에 대한 긍정적인 질문과 답변을 미리 준비해야 한다. 하지만 너무 많은 세부사항, 진부하고 시시콜콜한 이야기에는 쉽게 흥미를 잃어버리고 따분해하므로 주의해야 한다.

2. 새로운 최첨단 상품임을 강조하라

모험가형 고객은 신상품이 최첨단 상품에 끌리는 성향이 강하다. 새로운 아이디어와 성능, 실용적 효과를 강조하고 미래를 내다보는 모험가형 고객의 탁월한 선택을 칭찬하면 매우 효과적이다. 또한 번뜩이는 재치와 유머를 선보이거나 긍정적인 태도로 다가가면 좋다.

결과적으로 가장 잘 맞는 궁합,
모범생형과 모험가형

긍정의 최고봉인 모험가형과 부정의 최고봉인 모범생형이 만났다.
새로운 프로젝트 시작을 앞두고 두 사람이 회의 중이다.
모험가형인 김 대리는 굉장히 잘될 것이라는 생각 아래 아이디어를 제시하기
시작한다. 이에 맞서 모범생형인 박 대리는 새로운 프로젝트인 만큼 신중을
기하기 위해 위험 요소들에 대한 문제점을 지적한다.
김 대리가 보기에, 박 대리의 생각은 참 쓸데없어 보인다. 반대로 박 대리가 보
기에, 뭐든지 좋게 해석하는 김 대리는 대책 없어 보인다. 결국 서로 답답해하
면서 회의를 종료했다.

두 유형은 회의석상에서 특히 상극이 되곤 한다.
하지만 다른 시각에서 바라보자. 모험가형끼리 이야기했다면 말이 잘 통했겠
지만, 뜬구름 잡는 현실성 없는 프로젝트가 진행되었을 수도 있다. 반대로 모
범생형끼리 이야기를 했다면 문제만 지적하다가 결국 대책을 찾지 못하고 그
대로 멈춰버렸을 수도 있다.
모험가형이 긍정적인 아이디어를 내고, 모범생형이 문제점을 지적하면 다시
모험가형이 문제점을 커버할 수 있는 또 다른 아이디어를 제시하고……. 그러
다 보면 성공적인 계획을 세울 수 있다.
사실 자신과 잘 맞지 않는다고 생각되는 유형이 오히려 자신과 가장 궁합이
잘 맞는 유형인 것이다.

고객 불만
처리하기

한 고객이 구입한 지 1년도 안 되는 자동차의 핸들 쪽에서 이상한 소음이 난다며 무상 A/S를 요청했다. 연초에도 점검을 받았는데 펌프 쪽에서 생기는 잡음이라며 주행하다가 소음이 심하면 다시 오라고 했고, 결국 소리가 멈추지 않아 무상 A/S를 받았다는 것이다.

서비스센터 직원은 관련 내용에 대한 전산 내역을 살펴보았다. 그런데 그 고객이 말한 연초의 무상 A/S 전산 기록이 없다.

"고객님께서 말한 연초의 A/S 기록이 저희 전산에는 없는데요? 그리고 소음이 생기는 것은 사용상의 문제라서 그건 유상으로 수리를 해야 합니다."

직원의 말에 그 고객은 노발대발하며 "왜 전산상에 기록이 없는 걸 나한테 따집니까? 당신들이 전산 기록을 안 한 걸 왜 내가 피해를 봐야 하냔 말이에요!"라며 황당하다는 표정으로 화를 내기 시작한다.

"분명히 무상 A/S를 받았으면 저희 기록 내역에 있어야 되는데 없어서 드리는 말씀입니다."

"그럼 지금 내 말을 믿지 못하겠다는 말이에요? 내가 없는 이야기를 지어내서 한단 말이에요?"

고객의 작은 불만 사항을 제대로 처리하지 못하면 오히려 그것이 더 큰 화를 초래할 수 있다. 각 성격 유형에 따라 불만 사항을 표현하는 방식은 어떻게 다를까? 그리고 어떻게 처리하면 불만이 말끔히 해소될 수 있을까?

'고객'顧客이라는 말을 한 자 한 자 뜯어보면 '돌아보는 손님'이라는 의미가 담겨 있다. 돌아본다는 것은 항상 상대에 대해 생각하고 평가한다는 뜻이다. 그런고로 고객은 항상 까다롭고 우리를 귀찮게 한다. 그러나 고객이 있어야 우리가 존재한다는 사실을 잊지 말아야 한다.

고객은 항상 변덕스럽고 쉽게 우리를 배반하고, 한 번 돌아서면 미련 없이 등을 돌리고 다시는 거들떠보지도 않는다. 심지어 주위 사람의 발길도 끊게 만든다. 하지만 마음에 들면 다시 찾아

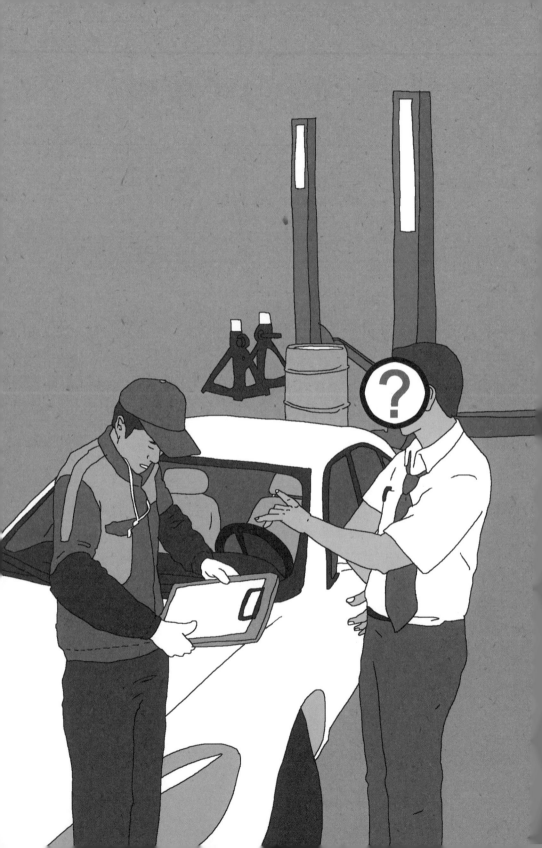

와 물건을 구입하고, 좋은 입소문을 내주기도 한다. 그런 면에서 고객은 참으로 어려운 존재가 아닐 수 없다.

무엇보다 중요한 것은 '고객은 항상 옳다'는 마음가짐이다. 자신이 볼 때는 이해할 수 없지만 상대의 입장에서 보면 틀리지 않는다는 사실을 알게 될 것이다. 나아가 고객 역시 성격 유형에 따라 스타일이 다르다는 것을 알아낸다면 상대의 입장에 대해 더 폭넓게 이해할 수 있고, 고객의 불만에 보다 효과적으로 대응할 수 있다.

9가지 성격 유형에 따른 고객 불만 처리하기

보스형 고객

> **불만 표출 스타일**
> "물건 하나 제대로 못 만들어서 피해 주는 게 누군데. 아, 됐어요! 여기 책임자하고 이야기할 테니까 책임자 나오라고 하세요."

1. 잘못된 점을 즉시 사과하고, 분명한 태도를 보여라

보스형 고객은 다소 공격적이고 일단 싸움을 시작하면 절대 물러서지 않는다. 상대가 완전히 무릎을 꿇고 자신의 의견에 승복할 때까지 강력하고 집요하게 밀어붙인다. 그리고 일반 직원과 이야기해봤자 문제가 해결되지 않는다고 생각하여 책임자를 불러내 직접 이야기한다. 보스형 고객에게는 잘못된 점을 즉시 정중하게 사과하고 시정하는 자세를 보여라. 논리적 대응이나 느린 반응은 타오르는 불에 기름을 붓는 격이다.

2. 변명하거나 적당히 넘어가려고 하지 마라

보스형은 불의를 보면 참지 못하며 솔직하지 않은 것에 대해 굉장히 민감하게 반응한다. 솔직하지 않은 사람, 거짓말하고 변명하거나 적당히 넘어가려는 등 불분명한 태도를 취하는 사람 앞에서는 어김없이 화가 폭발한다. 그렇기 때문에 잘못된 점에 대해 분명한 태도를 취하는 것이 좋다.

화합가형 고객

> **불만 표출 스타일**
> "바로 여기서 A/S를 받았는데 기록이 없다는 게 말이 됩니까? 그때 일하던 직원 불러주세요."

1. 겸손한 태도로 상황을 설명하라

화합가형 고객에겐 조심스럽고 겸손한 태도로 차근차근 상황을 설명해줘야 한다. 왜 이런 문제가 발생했는지 전체적인 상황을 알고 싶어 하기 때문이다. 화합가형 고객은 자신의 입장뿐 아니라 상대의 입장에 대해서도 충분히 공감하면서 해결하기를 원한다. 부드럽고 겸손하게 말하는 것이 좋다.

2. 부드럽게 항의한다고 가볍게 여기지 마라

화합가형 고객은 불필요한 마찰이나 갈등을 일으키는 것을 싫어한다. 하지만 부드럽게 항의한다고 가볍게 여기면 바위처럼 완강하게 버티다가 갑자기 이성을 잃고 소리칠 수도 있다. 화합가형은 화가 나도 참았다가 한꺼번에 '욱'하고 폭발하는 유형이다. 내면에 엄청난 고집이 있어 잘못된 점에 대해서는 끝까지 자신의 입장을 고수하는 경향이 있다.

개혁가형 고객

> **불만 표출 스타일**
> "그날 근무하던 직원하고 이런 얘기까지 했는데(증거를 댄다), 기록에 없다는 게 말이 돼요? (업무상 과실을 주장하며) 그건 여기서 잘못한 거 같군요."

1. 즉각 시정하라

잘못이 있다면 즉각 시정하라. 개혁가형은 비판에 이력이 나 있으며, 원칙과 규범을 지키고 잘못된 것은 반드시 고쳐야 한다는 사명감을 안고 살아간다. 그렇기 때문에 불만 사항에 대해서는 명확하고 확실한 태도와 책임감 있는 자세로 정중히 사과하고 이유를 정확히 설명하라.

2. 대충 넘어가려 하지 마라

개혁가형은 모든 유형 중에서 가장 자주 분노를 느끼는 유형이며, 매사에 까다롭고 고지식하다고 볼 수 있다. 상대가 대충 넘어가려 들면 본때를 보여주려고 하면서 직설적인 어투로 '꼬장꼬장' 따질 것이다. 문제가 해결될 때까지.

협력가형 고객

불만 표출 스타일

"자기들이 자료 입력을 제대로 안 해서 없는 걸 누구 탓으로 돌리는 거예요. 그날 A/S했던 사람 만나게 해줘요. 소비자고발센터에 신고해서 나의 억울함을 밝힐 테니까 그렇게 아세요(으름장을 놓는다. 직원의 반응에 따라 신고할 수도 있고 안 할 수도 있다)."

1. 고객의 속상한 감정에 동조하라

협력가형은 문제 해결도 중요하지만 자신이 속상하다는 것을 먼저 알아주기 바란다. '정확하게 문제만 해결해주면 되지 않느냐'는 식으로 나오면 오히려 불만이 커질 수 있다. 그래서 협력가형 고객이 푸념하는 식으로 길게 불만을 늘어놓더라도 중간에 끊지 말고 속이 다 풀릴 때까지 우선 들어준 뒤 "어머, 얼마나 놀라셨어요? 그러셨군요! 저라도 너무 속상할 것 같습니다!"라며 고개도 끄덕이고 맞장구를 쳐주면서 기분을 풀어주어야 한다.

2. 소문에 주의하라

협력가형 고객이 중요하게 생각하는 것은 본질적인 문제보다 접대 방식, 점원의 태도다. 그러므로 직원이 대충 넘어가려고 한다면 온 동네에 안 좋은 소문을 퍼뜨릴 수 있다.

성취가형 고객

1. 빠르게 대응하라

성취가형 고객들은 불만을 이야기할 때도 주위 시선을 의식해 감정을 절제하며 '이러고 있는 시간이 아깝다'는 투로 말한다. '귀중한 시간'을 허비하게 해서 죄송하다는 정중한 사과를 먼저 하고, 당장 처리할 수 없는 문제라면 현장에서 기다리게 하지 마라. "문제를 해결해서 언제까지 연락드리겠다"라고 말한 뒤 고객을 돌려보내는 것이 좋다.

2. 프로페셔널한 모습을 보여라

죄라도 지은 것처럼 고개를 숙이거나 어쩔 줄 모르고 당황하거나 어버버하면 성취가형 고객은 더 기분이 나빠진다. 당황하지 말고, 이런 일을 많이 처리해본 것처럼 프로다운 모습을 보여라. 또 박또박 간결하게 설명해주고 유연하게 대처하는 모습을 보이는 것이 좋다.

예술가형 고객

불만 표출 스타일

"그때 머리 짧고, 그 안경 쓴 직원이 해줬거든요. 이름이…… . 최 엔지니어라고 했는데 잘 좀 찾아봐요. 기록이 안 된 건 그쪽 잘못 아닌가요? 그때 그 사람 찾아와서 확인시키든지 빨리 해결해줘요."

1. 감정을 이해하고 공감해줘라

예술가형 고객은 별것도 아닌 걸 가지고 투덜거리는 속물 취급받는 것을 기분 나빠하므로, 특별하게 대우한다는 인상을 주는 것이 좋다. 만약 자료를 가지고 반박하면 "됐구요. 그 사람 불러주세요"라고 이야기할 것이다. 예술가형은 잠잠하다가도 기분이 상하면 날카로운 발톱으로 할퀴듯 변덕을 부리기도 한다. 화가 나면 신랄하고 냉소적이며 신경질적인 말투로 변한다. 자신의 주장을 무시하거나 찍어 누른다는 기분이 들면 저항적이고 돌발적인 행동을 할 수 있다.

2. 차분하고 정중한 태도로 사과하라

대체로 예술가형 고객은 불만이 있어도 큰 소리 내는 것을 싫어하지만, 자기 감정을 제대로 알아주지 않는다고 느끼면 갑자기 돌변해 주위 시선에 아랑곳없이 거칠게 항의하며 감정을 표출한다. 그들에게는 직설적으로 이야기하지 말고 돌려서 말하는 것이 좋다. 또 차분하고 정중한 태도로 사과하고 고객의 이야기를 끝까지 경청하라.

탐구가형 고객

불만 표출 스타일

"저는 분명히 연초에 A/S를 요청했고, 당시 직원이 업무 절차를 불성실하게 이행해 기록을 안 한 것 같군요. 전산상에 기록이 없는 것을 무조건 고객의 잘못으로 판단하는 건 '성급한 일반화의 오류'가 아닐까요?"

1. 문제의 원인을 논리적이고 타당하게 설명하라

탐구가형 고객은 사실 위주로 논리적으로 따지듯 불만을 표시하며, 해결이 안 되면 조용히 거래를 끊어버린다. 감정 절제를 미덕으로 여기기 때문에 웬만한 일에는 흥분하지 않는다. 순간적인 기분 상태가 얼굴에 잘 드러나지 않으며, 차갑고 냉정하며, 자질구레하게 이야기하지 않는다. 문제 해결을 위해 간단하게 핵심만 말하고 반복을 싫어해서 한 번 꺼낸 말에 대해 다시 물어오면 냉소적으로 대하기도 한다. 번거롭게 하거나 문제가 커지는 것을 극도로 싫어한다.

2. 해결 방안을 제시하라

탐구가형 고객이 불만을 제기할 때는 문제의 원인을 논리적이고 타당하게 이야기해야 한다. '죄송하다'는 등의 말로 시간을 끌거나 구구절절한 변명을 하지 말고, 문제의 원인을 차분하게 설명한 뒤 약속된 시간 안에 어떻게 조치하고 문제를 해결할 것인지 말해주어야 한다.

모범생형 고객

1. 예의를 갖춰라

모범생형은 깍듯한 예의범절을 중시한다. 그러나 화가 나면 비꼬거나 빈정거리는 말투로 변하기 때문에 불만 사항에 대해서 최대한 성실하게 응해야 한다. 모범생형 고객의 모토는 정직, 성실, 책임감이다. 한 번 말한 것은 반드시 지켜져야 한다는 생각을 갖고 있으며, 불만 사항이 생길 경우 상대가 양심적이며 성실함과 책임감이 있는지에 가장 촉각을 세운다.

2. 걱정을 해소시켜라

'안전제일주의자'이며 늘 최악의 순간까지 예상하며 대비하는 유형이므로 모범생형 고객에겐 문제에 대해 먼저 안심시키고 끝까지 책임을 지겠다는 태도를 보이는 것이 중요하다. 모범생형 고객은 차근차근 논리적으로 불만을 제기하는 편이지만, 갑자기 과격하게 돌변해 소비자고발센터에 신고할 수도 있다.

모험가형 고객

1. 최대한 신속하게 보상 처리를 하라

모험가형 고객은 불만 사항이 생기면 귀찮으니 빨리 원상복구 해놓으라는 투로 말한다. 이것은 괜히 골치 아픈 문제를 오래 직면하고 싶지 않다는 속마음에서 비롯된 것이다. 모험가형은 지루하거나 심각한 것을 가장 못 참는 유형이기 때문에 고통스러운 일은 어떻게든 피하려 든다. 이들은 불만 사항이나 고민거리로 오랫동안 힘들어하는 것은 에너지 낭비라고 생각한다.

2. 감정적인 사과만으로는 아무것도 해결되지 않는다

손해에 상응하는 실질적인 보상을 해주고 번거롭게 해서 죄송하다는 사과를 하라. 모험가형 고객은 성격 유형 중 가장 빨리 일을 처리하는 유형이므로 자신의 불만 사항에 대해서도 똑같이 빠른 처리를 원한다. 문제의 원인을 설명한 뒤 최대한 신속하게 보상처리하는 것이 중요하다. 감정적인 사과만으로는 절대 해결되지 않는다.

Episode

아홉 유형에 대한 간단한 고찰

1. 회식 자리

모험가형: 전체 팀 회식을 하자고 바람 잡는다. "오늘 한잔하죠?"

탐구가형: 회식 자리에 가는 척하다 아무도 모르게 슬며시 빠진다.

협력가형: 분위기 띄우려고 오버한다.

모험가형: 자기가 한잔하자고 해놓고 금방 다른 곳으로 샌다.

성취가형: 바쁜 척하면서 일어난다.

개혁가형, 모범생형: 갈 시간이 되면 정확히 일어난다.

예술가형: 먼저 간 사람을 가리키며 "분위기 다 깨네!"라고 말한다.

보스형: "다음부터 쟤네 부르지 마!"라고 말한다.

화합가형: '집에 일 있는데……' 하면서도 3차, 4차, 끝까지 남아서 뒤치다꺼리 다 하고, 술 취한 사람 택시 태워 보내고 마지막에 간다.

2. 지구를 침략하려는 외계인을 붙잡았다. 어떤 방법을 써서 작전을 불게 만들 것인가?

보스형: 일단 죽지 않을 만큼 두드려 팬다.

화합가형: '네 입장 이해한다'면서 술을 먹여 취하게 한 다음에 정보를 토설하게 한다.

개혁가형: 일단 밥부터 굶기고 원칙대로 단계적으로 고문을 한다(물고문, 전기고문…).

협력가형: 나갈 수 있게 도와준다면서 먹을 것도 주고 친해진 다음에 "내가 가족 만나게 해줄게."하며 회유한다.

성취가형: 안 불면 가족을 데려와서 다 죽인다고 협박한다.

예술가형: 남자면 예쁜 여자로, 여자면 멋진 남자로 유혹해서 말하게 한다.

탐구가형: 관찰을 해서 아킬레스건(급소)을 찾아낸다. 육체적 고문보다 정신적 고문을 한다(말 안 하면 죽지도 못한다고 협박).

모범생형: 잠을 안 재운다. 심문을 통해서 약점을 알아낸 뒤 고문한다.

모험가형: 이것저것 다 해봐서 가장 싫어하는 것을 찾아낸 다음, 가장 고통스러워하는 것으로 집중 고문해서 말하게 한다.

3. 자려고 침대에 누웠는데 불을 안 끄고 누웠을 때

보스형: 화 내면서 끄러 간다. 귀찮으면 물건을 던져 맞혀서 끈다.

화합가형: 동생을 부른다. "여기 좀 와봐." 동생이 방으로 오면 "내 방 불 좀 꺼줘"라고 부탁해서 끈다.

개혁가형: 바로 일어나서 끄고 잔다.

협력가형: 귀엽게 투덜거리면 끈다.

성취가형: 시간 계산하면서 바쁘게 끈다.

예술가형: 내키는 대로 한다. 끄고 싶으면 끄고, 안 끄고 싶으면 그냥 엎드려 잔다.

탐구가형: 형광등 끈 부분을 미리 침대 쪽으로 연결해놓고 누운 상태에서 끈을 잡아당겨서 끄고 잔다.

모범생형: (그냥) 끈다.

모험가형: 막 짜증을 내다가 이불을 덮어쓰고 잔다.

Part 3.

타고난 성향을
빛나게 하라

타고난 재능과
적합한 업무는
따로 있다

영업부 김 부장은 이번에 뽑은 신입사원들이 통 맘에 들지 않는
다. 젊은이들이 영 패기가 없어 보였기 때문이다.

김 부장은 이 과장을 불러 한마디 한다.

"이보게 이 과장, 이번에 뽑은 신입사원들 말일세, 학벌은 다
좋은데 왜 그렇게 하나같이 비리비리해. 뭔가 밀고 나가는 힘이
있어야 하는데, 그런 패기가 전혀 안 보인단 말이네."

"걱정 마십시오. 부장님, 사람이라는 게 다 '그놈이 그놈'입니
다. 일단 똑똑한 놈을 뽑아놓고 교육을 어떻게 시키느냐에 따라

달라지는 겁니다. 이번에 영업부 신입사원을 대상으로 하는 해병대 갯벌 훈련이 있는데, 그 교육 한 번 받고 오면 눈빛이 달라지고 황소처럼 변해 있을 것입니다."

"그래?"

"걱정 마십시오. 영업사원은 뭐니 뭐니 해도 갯벌에서 한번 찐하게 굴러봐야 그때부터 뭘 해야 할지 보인단 말입니다."

"좋아, 그럼 김 과장 말대로 찐하게 한번 굴려봐."

그러나 3박4일 동안 해병대 갯벌 훈련에서 '빡세게' 구르고 나자, 영업부 신입사원 5명 중 3명이 회사에서 사라졌다.

이게 도대체 어찌 된 영문일까.

옛말에 '인사가 만사'라는 말이 있다. 해당 업무에 적절한 사람을 제대로 뽑느냐, 그렇지 않느냐에 따라 조직의 성과는 판이해진다. 여기서 가장 중요한 것은 그 사람의 핵심역량이 어디에 있는지를 알아내는 것이다. 핵심역량은 쉽게 말해 뿌리와 같다. 사과나무의 뿌리인지, 배나무의 뿌리인지, 포도나무의 뿌리인지 알아야 한다. 김 과장은 사과나무를 심어놓고 배가 열리길 학수고대하는 셈이었다.

직원의 핵심역량을 파악하여 그에 맞는 밭을 제공하는 적재적소 인재 배치를 한다면 그 직원은 '물 만난 고기'처럼 제 능력을 발휘할 수 있다. 산에 보내야 할 토끼를 바다로 보내고, 바다로 보내야 할 거북을 산으로 보낸다면 어찌 자신의 능력을 발휘할 수 있겠는가?

9가지 성격 유형에 따른 핵심역량과 업무

보스형

1. 핵심역량

타고난 보스: 험난한 역경이 있어도 불도저 같이 밀어붙이는 강철 같은 의지와 추진력이 단연 최고다. 일단 일을 시작하면 몸이 부서져라 달려든다. 힘든 과제일수록 더 힘이 나는 보스형은 쓰러져가는 회사를 일으켜 세우거나, 인간의 한계를 극복하고 도전하는 영웅이 되기도 한다.

이성적으로 판단하기보다 감각적인 느낌으로 진실과 거짓을 가려내기도 하고, 실행 단계에서는 '이거다'라는 직관에 의지하면서 빠른 스피드로 일을 해치운다.

또한 사람들을 통솔하는 능력을 타고났다. 다른 사람들 뒤에 서는 것보다 앞에 서서 이끌어갈 때 더 신나게 일하며, 사람들의 가능성을 일깨우는 데 본능적인 감각이 있다. 통제받는 것을 싫어해서 스스로 나서서 맡은 영역은 확실하게 매듭짓는다.

보스형은 성격이 강해 맞추기 힘들다는 단점이 있다. 그러나 마징가Z 같이 사심 없이 정의와 대의를 위해서 싸우기 때문에, 늘 존경받고 따르는 사람들이 많다. 한편 겉은 강해 보여도 속은 한없이 여리고 순수한 면을 가지고 있다. 그래서 보스의 진실성에 감동받는 사람이 많다.

2. 적재적소

적합한 일

· 타인을 지도하고 통솔하는 결정권이 있는 일

· 조직의 외형을 크게 확장하는 일

· 과감한 결단과 추진력이 필요한 일

· 팀과 업무 영역에 대한 책임과 권한이 확실한 일

부적합한 일

· 타인에게 맞춰야 하는 일(화부터 낸다)

· 계획적으로 꼼꼼히 해야 하는 일(세세한 것에 신경을 쓰지 못한다)

· 규정이 정해져 있는 일(간섭받거나 뜻대로 하지 못하면 화가 난다)

· 자리에 앉아서만 하는 일(현장에 돌아다니면서 하는 일이 더 능률적이다)

> 적합한 업무 : 신규 사업, 영업, 경영자
> 부적합한 업무 : 회계, 총무, 관리, 연구, 서비스, 고객 응대, 비서

화합가형

1. 핵심역량

마라톤 맨: 모두가 지쳐 떨어져도 끝까지 달리는 끈기는 화합가형이 단연 최고다. 시작은 힘들지만 일단 시작하면 될 때까지 미련스럽게 물고 늘어지는 사람이 화합가형이다. 그들의 끈기는 부족한 창조성을 메우고도 남는다. 끈기로 불가능을 가능으로 만들

어 새로운 가능성을 창출해낸다.

화합가형은 어디에 가도 전체적인 조화를 맞추어내는 데 능하다. 적극적인 사람들 사이에서는 지원하는 역할을 훌륭히 수행하고, 소극적인 사람들 사이에서는 자신이 총대를 메고 뛰어다닌다. 늘 전체를 보려고 하므로 느리지만 남들이 보지 못하는 부족한 부분을 곧잘 찾아내고 알게 모르게 일이 되도록 만든다.

화합가형이 사람을 끌어들이는 가장 큰 매력은 편안함이다. 강요하거나 몰아붙이지 않는 편안함의 매력은 사람들을 끌어당기는 힘이 있다. 이런 화합가형의 겸손함과 정성에 감동받은 사람들은 스스로 마음을 움직여 그의 일을 돕는다.

화합가형은 균형을 맞추는 중재력과 협상력 또한 뛰어나다. 상반된 입장에 모두 공감하면서도 어느 한쪽으로 치우치지 않고 균형을 맞추는 놀라운 능력을 가지고 있다. 대립하고 있던 사람들도 진심으로 이해받는다는 느낌이 들기 때문에 어느덧 합의점에 도달한다.

2. 적재적소

적합한 일

· 조화로운 팀워크를 통해서 하는 일
· 갈등을 중재하고 성장을 돕는 일
· 사람들을 만나는 활동적인 일
· 단기간이 아니라 꾸준히 하는 일
· 잦은 변화가 없는 일

부적합한 일

· 지식을 이용하여 시스템을 개발하는 일(머리 쓰는 일을 힘들어한다)

· 가만히 앉아서만 하는 일(움직이지 않으면 계속 게을러진다)

· 경쟁해야 하는 일(다른 사람에게 손해를 주거나 강요해야 하는 일을 어려워한다)

적합한 업무 : 인사, 조직 문화팀, 노사, 고객 상담
부적합한 업무 : 회계, 연구소, 개발, 기획

개혁가형

1. 핵심역량

교관: 최고의 실천력을 자랑한다. 옳고 지켜야 할 일이라고 판단하면 앞장서서 즉각 시행한다. 말과 행동이 일치하지 않는 사람을 가장 싫어하며, 알면서도 즉시 행동하지 않는 사람들을 위선자라고 여긴다. 단, 행동이 너무 빨라 여러 가지 사항을 고려하지 못하는 경우가 있다.

개혁가형은 창조보다는 개선, 개혁이 강점이다. 이들은 무엇이든 좀 더 나아지도록 끊임없이 고쳐나간다. 또한 나뿐 아니라 다른 사람의 잘못된 점을 계몽시켜나가는 것에 큰 희열을 느낀다. 그리고 하나를 해도 꼼꼼하게 처리해낸다. 얼렁뚱땅 시늉만 하거나 적당히 대충 넘어가지 못한다. 개혁가형의 손을 거치면 웬만한 일은 완벽하게 처리되므로 다시 볼 필요가 없을 정도다.

또한 검약이 몸에 배어 있다. 개혁가형은 부자가 되어도 구두

를 15년씩 신을 만큼 검소하다. 그러면서도 합리적이어서 한 번 살 때 제대로 좋은 물건을 구입한 후, 버리지 않고 철저하게 재활용한다.

2. 적재적소

적합한 일

· 공정하고 객관적인 원칙이 있는 일

· 꼼꼼하고 치밀한 마인드가 필요한 일

· 환경이나 시스템을 발전적으로 개선하는 일

부적합한 일

· 움직임 없이 복잡하게 머리 쓰는 일

· 친절하게 응대하는 일

· 원칙 없이 자주 변하고 융통성을 발휘하는 일(융통성보다 원칙을 강요하게 된다)

> 적합한 업무 : 회계, 총무, 관리, 감사, 생산
> 부적합한 업무 : 고객 서비스, 비서, 연구, 홍보, 마케팅

협력가형

1. 핵심역량

소식통: 협력가형은 인적 네트워크의 중심에 있다. 주변의 거의

모든 이들과 친하게 지내기 때문에 사람들의 속마음이나 조직에서 일어나는 일들의 내막을 가장 잘 알고 있다. 조직 내에 궁금한 점이 있다면 이들에게 물어보면 된다. 공개적인 정보뿐만 아니라 비공개적인 정보들을 얻을 수 있는 소식통이다.

협력가형의 친절함과 상냥함은 단연 최고다. 항상 웃는 얼굴을 하고 있기 때문에 스마일 걸, 스마일 맨이라는 별명이 따라다닌다. 친절함과 다른 사람의 마음을 잘 파악하는 능력까지 겸비한 협력가형은 자타공인 최고의 서비스 맨이다.

상대의 마음에 공감하는 능력이 뛰어나 '오! 아! 정말!' 같은 감탄사를 일상적으로 사용한다. 상대의 슬픔과 기쁨에 진심으로 공감해주며 표정만 봐도 상대의 마음을 짐작한다. 별것 아닌 일도 협력가형과 함께하면 기쁠 땐 더 기쁘고, 힘들 땐 위로를 받을 수 있다. 그래서 협력가형 주변에는 늘 사람들이 많다. 다른 사람의 고충을 들어주기도 하고, 필요한 도움을 주기도 하는 등 지친 사람들에게 기운을 북돋아주는 존재다. 사람 사이의 연대감 형성에 최고의 자질을 보이기에 그들이 있는 곳에서는 시너지 효과가 극대화된다.

2. 적재적소

적합한 일

· 사람을 직접 상대하는 일
· 상대에게 조언하고 조율하면서 서포트해주는 일
· 친절함과 싹싹함이 필요한 서비스와 관련된 일

부적합한 일

· 혼자서 하는 일(타인과 함께하지 않으면 존재감을 잃어버린다)

· 연구하는 일(학문적인 접근이 필요한 부분에 약하다)

· 앞장서서 개척하는 일(위기 대응력, 순발력, 통솔력이 약하다)

적합한 업무 : 영업, 홍보, 비서, 서비스, 고객상담
부적합한 업무 : 회계, 감사, 연구, TFT

성취가형

1. 핵심역량

지휘자: 성취가형 손에 들어가면 무엇이든 더 근사한 물건으로 변한다. 자신이 가진 것을 100% 이상 충분히 당당하게 표현하는 능력이 있다. 설사 부족하더라도 자신감이 넘치며 쉽게 움츠러들지 않는다. 보기 좋은 떡이 먹기도 좋다고 성취가형은 같은 것이라도 강점을 더욱 부각시키고 남들의 시선과 호감을 이끌어내는 데 타고난 감각을 발휘한다.

또한 부분과 전체를 조율해나가면서 아귀를 맞추고 이끌어가는 탁월한 재능이 있다. 사람을 보고 어떤 곳에 쓸지에 대한 눈썰미가 있어 어떻게 이끌어가야 할지도 잘 안다. 부족한 부분은 채우고 조여나가면서, 목표를 향해 전체 시스템을 맞추어간다. 전체가 부분과 착착 맞아 들어갈 때 쾌감을 느끼기도 한다.

성취가형은 단계별로 목표를 정하고 성취할 수 있도록 격려하

고 동기부여하는 능력이 탁월하다. 목표와 보상과 손해를 적절히 제시하며, 기대 수준을 보여주어 감추어진 능력까지 찾아내는 능력이 있다. 때때로 플레이어보다 코치나 감독을 맡을 때 더 큰 역량을 발휘하기도 한다.

성취가형은 타고난 인간 스케줄러다. 아침에 일어나서부터 저녁에 잠들 때까지 나름의 계획이 늘 마음속에 들어 있다. 10년, 20년 등 장기적인 계획에서 한두 달의 단기 계획까지. 목표가 없는 성취가형의 삶은 무의미하다. 지속적으로 목표를 세우고 목표를 관리해가는 능력은 단연 최고다.

2. 적재적소

적합한 일

· 인맥을 활용해 유능한 사람과 만나는 일
· 사람을 배치하고 부리는 일
· 앞장서서 주도적으로 이끌어가는 일
· 성과가 눈에 띄며 다른 사람의 부러움을 살 수 있는 일
· 현재의 시스템을 재정비하여 효율적으로 개선·발전하는 일

부적합한 일

· 성과가 보이지 않는 일(자신이 크게 드러나지 않는 일은 할수록 맥 빠진다)
· 혼자서 하는 단순 작업(상대가 없으면 동기부여를 받기 어렵다)
· 연구직(모델을 보고 따라잡는 것은 잘하지만 창의성은 다소 떨어진다)

적합한 업무 : 홍보, 기획, 마케팅, 영업

부적합한 업무 : 회계, 경리, 총무, 감사, 연구

예술가형

1. 핵심역량

휴머니스트: 굳이 드러내려 하지 않아도 그들의 존재는 어디서나 눈에 띈다. 무엇을 해도 차별적인 모습을 보이고 타인의 시선을 끄는 능력이 탁월하다. 항상 모든 사물을 다른 시선과 각도로 바라보고 있으며, 차별성을 표현해내는 능력이 있다. 또한 독특한 일에 끌리며, 남들이 하지 않는 일이라는 이유만으로도 동기부여가 된다.

변덕스럽기는 하지만, 인간적인 매력이 넘쳐 사랑할 수밖에 없는 사람이다. 여자는 애교로, 남자는 자상함으로 사람들을 감동시키고 마음을 따뜻하게 만드는 능력을 가지고 있다. 꾸밈없이 솔직한 성격이 많은 사람들의 마음을 움직인다. 그런 탓에 예술가형은 사람을 끌어들이는 능력이 탁월하다. 자신이 다가가는 것이 아니라, 타인이 자신에게 끌려오도록 만드는 방법을 본능적으로 안다. 때로는 부드러운 미소와 언변으로 가슴 설레게 하고, 때로는 까다롭고 다루기 힘들다는 느낌을 주면서 관심을 끈다. 밀고 당기기의 귀재다.

예술가형은 한 번 무언가에 빠지면 자신의 모든 것을 불사르며 열정적으로 몰입한다. 시간과 공간을 잊으며 놀라운 집중력을 발휘한다. 자신의 일에는 장인과도 같은 예술가 근성으로 온갖 정성을 들여 열심히 노력한다. 예술가형에게 자신의 일은 자신의 작품인 셈이다.

2. 적재적소

적합한 일

· 직접 발로 뛰고 사람을 만나는 일

· 자신의 감각을 표현하는 일

· 전에 없던 새로운 방법으로 진행되는 일

· 업무 과정이나 방법 면에서 자율적 권한을 행사할 수 있는 일

부적합한 일

· 일상적이고 반복적인 일

· 당장 성과가 나타나지 않는 일

· 틀이 명확해서 주어진 대로만 해야 하는 일

· 다른 사람의 보조 혹은 눈에 띄지 않는 일

적합한 업무 : 홍보, 광고, 이벤트, 기획, 마케팅, TFT, 영업
부적합한 업무 : 관리, 회계, 총무

탐구가형

1. 핵심역량

타고난 전략가: 타고난 지적 능력을 바탕으로 전체적인 상황을 관찰하고 분석하며 그것을 움직이는 원리를 밝혀내는 데 탁월한 능력을 발휘한다. 복잡한 수학 공식을 만들어내고 컴퓨터공학이나 과학을 발전시키고 새로운 첨단기술을 개발해내는 능력을 갖고 있다. 대체로 최소한 한 분야 이상에서 전문가 수준으로 발전하고자 노력하는 경향이 있다. 이들은 남들에게 지혜로운 사람으로 보이고 싶어 하며, 자신은 무엇이든지 완전히 통달할 수 있다고 생각한다.

객관적인 분석력으로 전체 상황과 핵심을 파악할 수 있는 놀라운 관찰력을 발휘한다. 자신의 생각이 객관적·논리적으로 맞는지 충분히 점검한 뒤, 최소의 에너지로 최대의 성과를 낼 수 있는 고도의 전략을 세우고, 실행을 위한 전체적인 계획을 짜는 데 특출한 능력을 보인다.

2. 적재적소

적합한 일

· 전문적인 지식이 필요한 일
· 창의성과 집중력이 필요한 일
· 아이디어를 다듬고 준비할 수 있는 시간이 충분한 일
· 개인 작업 공간이 있고, 사생활이 보장되는 환경에서 하는 일

부적합한 일

· 활동성이 많이 필요한 일(체력을 요하는 일은 어렵다)

· 사람을 많이 접하고, 상대에게 맞추어야 하는 일(공감 능력이 떨어진다)

· 나서서 이끄는 일(사람들의 시선을 좋아하지 않고 지도 통솔 능력이 떨어진다)

적합한 업무 : 전략 기획, 연구, 재무, 투자
부적합한 업무 : 서비스, 고객상담, 영업, 현장직

모범생형

1. 핵심역량

백과사전: 정보 수집의 대가인 모범생형은 지식의 깊이는 부족하지만 다양한 상식에는 해박하다. 산더미 같은 뉴스, 신문 등을 늘 챙겨 보고, 역사와 사회 현상에 관심이 많다. 정보들을 조합하고 분석하여 명쾌하게 추측도 잘해낸다. 정보에 관해서라면 단연 최고다.

갑작스러운 위기에 대처하는 능력도 뛰어나다. 순발력이 뛰어나다기보다는 항상 경계하고 대비하고 있기 때문이다. 어떤 위험 요소가 있는지 늘 안테나를 세운다. 나서기보다 뒤에서 보좌하길 좋아하지만, 위기 상황에서는 용맹스럽게 출동하여 전체를 위해 내 한 몸 헌신적으로 희생한다는 특공대 정신이 강하다.

잔재주를 부리지 않는 모범생형은 성실, 근면, 책임감이 몸에 배어 있다. 어려서도 별명이 모범생일 만큼, 다른 곳에 눈 돌리지 않고 성실하게 주어진 틀 안에서 최선을 다하는 모습을 보여준다. 개혁가형이 자기 주도적으로 이끌면서 노력하고 불필요한 것을 개선하는 유형이라면, 모범생형은 틀을 유지하고 공고히 해나가며 공동체의 안전을 위해서 책임을 다하는 유형이다.

자신의 이익보다도 부하 직원들의 몫을 조용히 드러나지 않게 챙기고, 주말이면 남몰래 어려운 사람들을 찾아가 돕거나 성금을 낸다. 겉으로는 차가워 보이지만 자신보다 남을 먼저 생각하는 따뜻한 마음을 가지고 있다.

2. 적재적소

적합한 일

· 업무 영역이 분명한 일
· 시스템이 급변하지 않고 안정적인 일
· 치밀하고 꼼꼼한 준비성을 요하는 일
· 명확한 규칙이 있고 책임 소재가 분명한 일

부적합한 일

· 변화가 심한 일
· 순발력을 요하는 일
· 재치 있고 창의적인 일
· 예측 가능하지 않은 일(불안감이 증폭된다)
· 업무 영역이 불명확한 일(어디까지 생각하고 준비해야 할지 알지 못한다)

적합한 업무 : 회계, 관리, 총무, 감사
부적합한 업무 : 홍보, 마케팅, 신규 사업팀, 서비스

모험가형

1. 핵심역량

아이디어 뱅크: 어떤 일을 하든 처음 불을 지피는 일에 탁월한 재능을 보인다. 단기간에 열정을 쏟아 붓는 일, 재미있게 일하도록 사람들의 마음을 격려하고 분위기를 띄우는 일이 제격이다.

늘 생각이 이리저리 움직이는 모험가형은 아이디어 뱅크다. 새로운 접근이 필요할 때 아이디어를 내는 재치가 뛰어나며, 동시에 여러 가지를 빠르게 처리한다. 워밍업 없이 바로 질주하므로 속도 면에서는 단연 최고다.

또 모험가형과 함께 일하면 즐겁다. 하고 싶은 말을 시원하게 해버려서 보는 사람의 간담이 서늘해지는 경우도 있지만, 격 없이 금세 친해지며 화기애애한 분위기를 잘 만든다.

2. 적재적소

적합한 일

· 새로운 아이디어가 필요한 일이나 새롭게 시작하는 일
· 문제 해결책을 만들어내는 일
· 가만히 한자리에 있기보다 여기저기 돌아다니는 활동적인 일
· 짧은 기간에 높은 집중력을 발휘해서 결과가 빨리 나오는 일

부적합한 일

· 꾸준히 해야 하는 일(같은 일이 반복되면 집중력이 떨어진다)

· 꼼꼼히 해야 하는 일(하나하나 차근차근 깊게 생각하지 못한다)

· 반복되는 단순한 일(익숙해지기까지 집중력을 발휘하나, 금세 요령을 피운다)

적합한 업무 : 기획, TFT, 신규 사업팀, 광고, 홍보, 이벤트, 마케팅

부적합한 업무 : 회계, 총무, 관리, 감사

어떤 성향으로
조직을 꾸릴 것인가?

아홉 빛깔 조직 문화
: 업종에 걸맞은 성격 유형은 따로 있다

개인에게 성격 유형에 따라 적합한 업무가 있다면, 회사에는 업종에 따라 그에 적합한 성격 유형이 있다. 예컨대 자동차나 중공업은 장형, 화장품이나 생활용품은 가슴형, 전자와 반도체는 머리형에 해당한다. 이런 성격 유형과 CEO의 유형, 구성원 분포 등이 일치할 때 조직 문화가 극대화되면서 사업은 성공의 길을 갈

수 있다. 반대로 그렇지 못하면 경영 상황이 힘들어지기 쉽다.

만일 삼성이 자동차 산업을 장형처럼 갖은 외압에도 뚝심으로 밀어붙였더라면 성공을 거두었을지도 모른다. 가슴형으로 운영되고 있는 LG가 머리형 산업인 반도체 사업을 시작했다가 손을 놓게 된 것도 같은 맥락으로 볼 수 있다.

어느 화장품 회사에서 교육을 할 때였다. 이 회사는 지속적인 매출 하락으로 고민하고 있었다. 화장품 산업은 미와 낭만, 감성적인 이미지를 중시하는 가슴형 산업에 속한다. 그런데 회사 분위기는 완전히 반대였다. 연수원은 바닥이 광이 나서 미끄러울 정도로 깨끗이 닦여 있었고, 여기저기 청결, 정직, 시간 엄수 같은 구호가 걸려 있었다. 심지어 그곳 관리자들도 이불 한 채, 컵 하나까지 일일이 줄을 맞춰 정리하는 게 생활화되어 있었다. 완벽한 장형적 조직 문화였던 것이다.

강의실에 들어서니 '차렷' '경례' 하는 구호와 함께 깍듯한 경례가 나를 맞았다. 수강생들이 모두 부장급 이상임에도 반장을 뽑아서 매 시간 강사에게 깍듯이 경례를 하는 것이었다. 앉은 자세도 1박2일 내내 정자세였다.

제품들도 세련되고 우아한 게 아니라 딱딱하고 각진 투박한 모습이었다. 직원들도 대부분 장형이나 머리형이었다.

고개가 갸웃거려졌지만, CEO 스타일을 살펴보니 모든 것이 단번에 이해가 됐다. 그는 전형적인 개혁가로, 근검절약과 절도 있는 기풍을 강조하고 있었다. 문제는 개혁가들은 업무에 관계된 상황들 속에서 예술가들의 스타일에 기질적으로 거부감을 갖는다는 것이었다. 그러니 조직이 개혁가형과 모범생형으로 가득한 것도 자연스러운 현상이었다. 제품 디자인, 홍보 등의 중요한 의사결정에서도 예술가형의 감각이 배제되었을 것임에 분명했다.

결국 그 회사는 업종과 조직 문화, CEO의 유형, 구성원 분포가 서로 엇갈리면서 매출 저하의 위기를 맞게 된 것이다. 사업의 성패에 무엇이 가장 중요한 변인인지 여실히 보여준 사례였다.

그렇다면 9가지 성격 유형에 해당하는 조직 문화는 어떤 모습을 띠고 있을까? 지금부터 차근차근 알아가 보자.

보스형 조직 문화

최고를 지향하는 스피드 기업

보스형 조직 문화를 가진 기업의 핵심가치는 도전, 개척, 열정이다. 한마디로 '불가능은 없다'는 꺼지지 않는 열정으로 경쟁에 나서는 '개척형 기업'이다. 그들에게 신중한 자료 검토와 합의 도출에 투자할 시간은 없다. 적극적이고 열정적인 정면 돌파와 저돌성이 성공의 열쇠다.

'최고가 아니면 패배'라는 의식 때문에 최고의 자리에 오르는 것이 지상 목표다. 그것도 늘 국내가 아니라 세계 1위를 조준하고 있다. 경쟁사를 제치고 목표를 달성하기 위해 공격적으로 밀어붙여야 할 때, 특유의 저돌적인 추진력이 발휘되며 조직의 에너지가 극대화된다. 오히려 사업이 안정화되고 더 이상 도전해야 할 가치가 사라지면 자신들만의 차별적 강점 또한 사라진다. 그래서 위기의식과 급박한 환경을 조성하는 '위기경영'을 기업의 생명력으로 삼는다.

위계서열이 뚜렷한 명령권자가 존재하며, 리더의 의사결정과 심기가 조직 전체의 방향과 분위기를 일시에 바꿀 만큼 영향력이 크다. CEO를 비롯한 임원진은 대부분의 시간을 현장에서 보낸다. 구성원들도 속도감을 가지고 일사불란하게 움직이며, 노동조합의 성향도 강경한 편이다.

화합가형 조직 문화

끈기와 인내의 뚝심 기업

화합가형 조직 문화를 가진 기업의 두드러진 특징은 꾸준함, 인내, 존중, 화합 등이다. 주요 업종은 무게감을 주며 사업 환경이 안정된 상수도, 전기, 철도 등의 공공 서비스나 공익사업 등이다. 사업이 안정기에 들어선 물류, 화학, 중공업도 이에 해당한다.

역동적이지는 않지만 끈기와 인내를 바탕으로 한 신뢰감이 특징이다. 또 갈등을 해소하고 균형을 이루고자 하는 내부적인 중재력이 강하다. 그래서 구성원 간의 화합을 강조하고 함께 성장하는 '행복 추구'를 중요시한다. 또 노사 간에도 원만한 타협을 통한 화합이 잘 이루어진다.

이런 포용력은 다양한 지역과 문화에 대한 이해, 수용과 조화를 가능케 한다. 따라서 자신의 강점을 해당 지역의 문화적 다양성과 적절히 조화해내는 글로벌 기업으로 발전하기에 좋다.

또한 고객들을 상대로 한 서비스 제공에 강점을 가지고 있다. 항공업, 해운업 등의 운송업이나 택배업, 정유 서비스 등은 화합 가형 조직 문화의 강점을 활용할 수 있는 대표적인 업종이다. 하지만 변화에 둔감하고 의사결정 과정이 명확하지 않아 새로운 전략이나 시스템을 도입하기 힘들다는 단점이 있다. 그래서 환경 변화에 취약한 모습을 보이기도 한다.

개혁가형 조직 문화

품질로 승부하는 장인 기업

개혁가형 조직 문화에서 강조되는 중요 가치는 '성실'과 '원칙'이다. 한 눈 팔지 않고 내 길을 열심히 가겠다는 기업가 정신이 돋보인다. 단일 업종에서 한 우물만 파는 장인형 기업이 많다. 또 끊임없는 품질 개선과 특유의 성실성으로 시장에서 전통 있는 기업으로 신뢰받고 인정받는 경우가 많다. 업종으로 보면 농축산물 가공업, 식품가공업, 정밀기계 제조업, 유통 물류업, 세무, 회계 등이 이에 해당한다.

모든 업무는 엄격한 표준 매뉴얼과 생산 공정을 바탕으로 투명한 원칙과 규칙에 의해 이루어지며, 비교적 보수적이고 전통을 중요시 여기는 가치관이 지배적이다. 검약 정신이 투철하여 급여도 상대적으로 낮은 편이고, CEO가 버려진 이면지를 줍고 다니기도 한다. 그래서 부채가 거의 없는 무차입 경영을 하는 알짜 기업이 많다.

공사를 분명히 하여 업무 중 사적인 전화나 일 처리를 할 수 없다. 융통성이 부족하여 자유로운 의견 교류 또한 제한적이다. 오랜 시간 함께한 장기 근속자에 대한 배려가 너무 커서, 외부 인사에 영입이나 파격적인 승진 등이 거의 없다.

야근이나 잔업이 많고 급여는 낮지만 어려운 직원들을 도와주고, 성금 기탁이나 장학금 기증, 지역 투자 등의 선행을 하는 기업이 많다.

협력가형 조직 문화

고객을 기쁘게 하는 서비스 기업

협력가형 기업의 특징은 고객들에게 이익과 기쁨을 주는 '인간 지향적' 가치에 있다. 그래서 탁월한 고객 서비스로 소비자의 지지를 받는 친숙한 기업 이미지가 강하다. 이들 협력가형 기업은 소비자와 직접 만나는 마트, 편의점, 백화점 등의 유통업, 화장품, 미용 등의 뷰티, 결혼정보, 아동 관련 사업, 각종 외식 사업, 생활용품 제조업 등에 활발히 진출해 있다.

그렇기에 생산보다 서비스 인력이 많이 요구되고, 마케팅과 홍보 부문이 기업의 핵심으로 자리 잡은 경우가 많다. 마케팅 전략을 세울 때도 '고객 만족' '고객 봉사' 등 인간적인 부분에 집중한다. 그런가 하면 내부 고객인 직원들의 만족에도 많은 시간과 자원을 투여한다. 회사는 '일터'가 아닌 '제2의 가정'이라며 모두가 한 가족처럼 깊은 유대감을 가지는 것을 중시한다. 이를 위해 각종 편익과 복리후생을 제공하는 데 남다른 노력을 기울인다.

다 같이 함께하는 분위기를 만들기 위해 칭찬 릴레이 등을 시행하거나 사내 화합을 위한 행사를 다수 계획하고 실행한다. 관리자와 직원들 간의 소통과 교류도 활발하다.

성취가형 조직 문화

컨버전스에 능한 1등 기업

성취가형 조직 문화는 '효율'과 '성과'로 대표된다. 분명한 목표를 설정하고 업무의 효율을 극대화하여 확실한 성과를 내기 위해 노력한다. 사무실과 복도에 각종 실적과 목표 등이 일목요연한 그래프로 게시되어 있다. 자연히 '경쟁'을 미덕으로 여겨 능력별 보상 원칙으로 내부의 건전한 경쟁을 유도한다.

또 폭넓은 인간관계를 바탕으로 동기를 부여하고 격려하며 성과를 달성한다. 이러한 문화와 특유의 네트워킹 능력은 다른 기업과의 합작 제휴에서도 문화 충돌을 최소화하는 장점으로 작용한다. 성취가형 기업이 컨버전스, 즉 융합에 특출한 경쟁력을 보이는 이유다.

능수능란한 포장과 이미지 메이킹을 바탕으로 소비자에게 기업을 어필하는 설득 능력 또한 그들의 대표적 장점에 속한다. 그래서 이들 기업에는 스타 경영자가 많고, 언론이나 관계사와도 광범위한 유대 관계를 가지며 지지를 얻어낸다.

그러나 직원들은 과중한 업무에 시달리는 경우가 많다. 소통은 원활한 편이고 시장 상황에 대처도 잘하지만, 지나친 경쟁으로 부서나 개인의 이기주의가 싹트기도 한다.

예술가형 조직 문화

남다른 독창성을 뽐내는 예술적 기업

예술가형 조직 문화를 가진 기업은 남들이 줄 수 없는 특별한 가치를 주는 명품을 만드는 데 주력한다. 그래서 마음을 움직이는 아주 특별한 경험을 고객들에게 선사한다. 이들의 주요 고객은 본질적인 기능보다 감성적이고 고급스러운 이미지를 소비하면서 만족감을 느끼는 '가치 소비자'들이다.

세련된 디자인, 고상한 브랜드가 주는 감성적인 소비 욕구를 충족하는 문화적 강점이 가장 두드러진 특징이다. 그래서 누구도 흉내 낼 수 없는 독특한 미적 센스가 요구되는 의류, 주얼리 등의 분야에 최적이다.

범접하기 힘든 개성을 자랑하는 예술가형 기업의 문화적 특성은 품격과 자부심의 문화로 드러난다. 구성원들은 자기만의 스타일을 고집하는 우월주의를 뽐내며, 이는 조직의 경쟁력이 된다. CEO들도 스스로를 끊임없이 예술혼을 불태우는 예술가라고 여긴다.

조직 운영은 느슨하지만, 놀라운 프로 정신으로 최상의 가치를 창조해내는 데 능하다. 다만 예술가형 문화의 자유스러움은 복잡한 시스템 구축과 운영에는 잘 맞지 않아 거대 기업으로 성장하기보다 중소규모를 유지하는 기업이 많다.

탐구가형 조직 문화

유비쿼터스를 구현하는 하이테크 기업

탐구가형 문화를 가진 기업의 핵심가치는 '지식'과 '정보'다. 이를 분석하고 판단하는 인력을 재원으로 여겨 고학력 인재를 높이 평가하고, 이러한 인재를 확보하는 데 많은 노력을 기울인다. 그래서 고도의 전문가 집단과도 같은 느낌을 준다.

지식과 자료의 가치를 가장 높이 평가하며, 신기술 개발에 온 신경을 집중한다. 따라서 연구 개발 부문이 기업의 핵심부서가 되며, 의사결정 또한 냉정하고 이성적으로 이루어진다. CEO들도 핵심 정보를 바탕으로 미래를 대비하는 전략적 사고에 많은 시간을 할애한다. 그리고 최소 10년 후를 내다보며 언제나 한발 앞선 전략을 내놓는다.

이들 기업이 만들어가는 새로운 시장과 세상은 한마디로 '유비쿼터스 시대'다. 컴퓨터 네트워크로 생활의 모든 편의성을 구현하는 데는 기술적 진보와 발전에 최적화된 그들이 제격이다.

조직 문화의 가장 큰 특성은 개인주의 성향이다. 소모적인 회의나 준비되지 않은 토론을 낭비로 보기 때문에 모임 문화가 활성화되어 있지 않다. 그래서 구성원 간의 유대감이 약한 편이며, 회식이나 취미 위주의 동호회보다 연구를 위한 학습 조직이 활성화되어 있다. 직원들은 잘 구축된 사내 인트라넷으로 정보를 공유하고 의견을 개진한다. 교육 또한 개별적 지원으로 이루어지며, 역시 온라인 매체가 빈번히 활용된다.

모범생형 조직 문화

똑똑한 소비자를 만족시키는 합리적 기업

가장 대표적인 특징은 '안전 지향주의'다. 늘 미래의 위험을 착실하게 준비하며 '정직' '성실' '책임감' 등의 가치를 강조한다. 이를 기반으로 흔들림 없는 철학과 이념을 실천하며 오랜 시간 신뢰를 형성하는 경우가 많다. 두려움이 많은 모범생형 특징에 걸맞게 구성원을 보호하려는 성향도 강하며, 경영 방침도 안정적이고 지속적인 성장에 중점을 둔다.

한편 구성원들은 너 나 할 것 없이 방대한 정보를 수집하고 지식을 축적한다. 고객 피드백, 경쟁업체 조사, 설문 등의 정보를 꾸준히 수집하여 의사결정 근거로 활용한다.

이런 '수집 문화'는 '프로슈머'prosumer라 불리는 똑똑한 소비자들을 만족시키는 데 최적이다. 소비만 하는 게 아니라 적극적으로 생산 과정에 개입하는 그들을 사로잡으려면 고객의 욕구를 철두철미하게 분석하고 반영하는 능력이 필수적이기 때문이다.

이들 기업은 역할과 책임이 명확히 구분되어 있어 대체로 운영이 안정되어 있다. 그러나 같은 이유로 시간이 흐를수록 관료화되기 쉽다. 또 현재의 인사 방침이나 경영 방식에 안주하게 될 수 있다. 주어진 권한과 책임에 따라 행동하고 조직에 대한 헌신을 중요시하는 문화는 조직력을 높여주지만, 자칫 CEO의 독단에 모든 것이 좌우될 우려도 있다.

모험가형 조직 문화

즐거움을 선사하는 엔터테인먼트 기업

모험가형 조직 문화의 최고 가치는 '재미'와 '실험 정신', 그리고 이를 가능케 하는 '창조성'이다. 기발하고 다채로운 아이템으로 새 시장을 개척하는 그들은 조직 구조부터가 다르다. 굉장히 수평적이어서 관리자가 따로 없어 보일 정도다. 실제로 팀을 프로젝트 단위로 구성하거나, 아예 혼자서 프로젝트를 진행하며 관리자 겸 팀원으로 역할하기도 한다.

회의 문화 또한 자유로우며 언제든 새로운 아이디어를 내놓기도 편하다. 이런 개방적인 조직 문화는 다른 기업들이 쉽게 흉내낼 수 없는 부분이다. 직원들도 개성 넘치는 '자유로운 영혼'의 소유자들이며, 자유로운 복장과 출퇴근 시간, 호칭 파괴 등의 파격적인 문화를 자랑한다.

그래서 이런 조직 문화는 열정과 아이디어로 승부하는 영화, 연극, 뮤지컬 등 공연 예술 사업과 오락프로그램, 드라마 제작 등 방송 관련 사업, 인터넷 콘텐츠나 게임 사업 등 이벤트 성격이 강한 분야에 적합하다.

투자 성향은 다소 즉흥적이고 성급한 편이다. 물론 과감한 투자가 곧 수익으로 연결되는 때도 있지만, 신중하지 못한 투자는 실패로 이어지기도 한다. 잦은 사업 변경 등은 에너지를 한 곳에 집중하지 못하는 모험가형 문화의 한계를 잘 보여준다.

인재 배치와 433 전술

이렇듯 각 기업에는 업종에 걸맞은 조직 문화가 있다. 경영자의 유형과 구성원들의 유형 또한 이에 일치할 때 사업이 번창할 수 있다. 하지만 이를 잘못 받아들이면 곤란한 일이 발생할 수 있다.

예컨대 아무리 탐구가형 조직 문화를 지닌 최첨단 하이테크 기업이라도 고객을 응대하는 부서는 있게 마련이다. 그런데 기업이 사람 만나기를 부담스러워하는 탐구가형으로만 가득 차 있다면 어떻게 할 것인가? 또 업종이 화장품 제조라고 해서 사람 만나기 좋아하는 협력가형 직원들만 뽑는다면, 회사 기밀을 취급하는 고독하고 비밀스러운 일은 누구에게 맡길 것인가?

다시 말해 인재 구성이 한쪽으로 치우쳐서는 안 된다는 얘기다. 그러면 조직의 균형과 조화가 흐트러져서 쉽게 관료화될 수가 있다. 그러므로 장형, 가슴형, 머리형의 인재를 적절한 비율로 고루 섞어 구성하는 것이 좋다.

이때 가장 적절한 비율은 '4:3:3'이다. 물론 숫자를 정확하게 맞춰야 한다는 게 아니라 우선순위를 두는 게 바람직하다는 뜻이다. 예를 들어 장형에 해당하는 철강 회사라면 전체 구성원 중에서 장형을 4, 가슴형과 머리형을 각각 3의 비율로 배치하면 적절하다.

부서별 배치도 마찬가지다. 예를 들어 마케팅과 홍보가 사업 성패에 가장 큰 영향을 끼치는 화장품 업종에서는 마케팅과 홍보 부서에 업종의 성격과 일치하는 가슴형 인재를 주로 배치하고, 다른 부서에 나머지 유형의 인재들을 배치하는 것이 좋다.

사람은 저마다 에너지의 중심과 흐름이 다르다. 이 책에서는 각자가 가지고 있는 에너지의 중심이 어디냐에 따라 사람의 성격을 머리형, 가슴형, 장형으로 구분했다. 그리고 그에 따른 강점의 활용과 단점의 극복이 성공하는 삶으로의 발전에 무엇보다 중요함을 역설했다.

그렇다면 성공하는 삶을 위해서는 머리형처럼 10년 후를 내다보며 치밀한 계획과 준비를 하는 전략이 유용한가? 아니면 가슴형처럼 고객과 파트너의 마음을 사로잡는 감성의 힘이 효과적인

가? 혹은 장형처럼 변화를 선도하는 행동과 실천력이 더 필요한 것인가? 과연 무엇이 더 중요한 것일까?

가장 중요한 것은 이 3가지 힘을 적절히 조절할 수 있는 '유연성', 즉 '완급조절'이다. 나의 성장 가능성은 몸과 마음이 얼마나 유연한지, 내 삶을 어떻게 의지대로 이끌어나갈 것인지에 달려 있다. 변화에 좀 더 능동적이고 적극적으로 움직이게 하는 유연성은 어느 한 가지만 고집하지 않고 상황에 따라 3가지의 힘을 적절히 활용할 수 있게 해준다. 다시 말해 각기 다른 유형의 사람들에게 상황에 따라 머리, 가슴, 장의 힘을 적절히 활용함으로써 성공 가능성을 100%로 만들 수 있게 해준다는 얘기다. 우리가 9가지 유형의 사람들에게 적절히 대처하지 못한다면 매번 9분의 1에 불과한 성공 확률 때문에 초조해질 수밖에 없다. 100%의 성공 확률은 분명 나와 다른 사람들이 가진 기질과 에너지의 차이에 마음을 열고, 그에 맞게 대처할 수 있는 마인드를 갖추는 유연함에서 비롯된다.

비가 갠 뒤 동산 위에 동그랗게 떠오르는 무지개가 아름다운 것은 한 가지가 아닌 7가지 색이 한데 어우러져 있기 때문이다. 누구나 타고난 성격에 따라 자신만의 재능과 재주를 갖고 있다. 그동안 당신이 실패했다면 단지 몰랐기 때문이고, 맞지 않는 일을 택했기 때문이다. 즉 자신이 진정으로 원하는 일을 찾지 못한 것이 실패의 원인인 것이다. 자신의 적성과 재능을 모른 채 남들이 하는 일에 성급하게 달려들었기 때문이다.

'노력하는 자는 즐기는 자를 이길 수 없다'는 말은 이제 상식을 넘어서 너무 흔해빠진 말이 되었다. 그래서인지 그 의미 또한 사람들에게 잘 와닿지 않고 있다. 그러나 여기서 우리는 이 말의 의미를 다시금 되새길 필요가 있다. '즐긴다'는 것은 자신을 발견하고 자신이 진정 좋아하는 일을 한다는 것이다. 남을 따라하는 것이 아니라 내가 좋아하는 일을 하는 사람, 타고난 성격에 맞는 일을 하는 사람을 이길 자는 세상에 없다.

'그냥 생긴 대로 살어'라는 말을 종종 들어봤을 것이다. 대개들 무심코 흘려듣는 이 말에도 일리는 있다. 이 책을 끝까지 읽었다면 알겠지만, 우리는 태어나면서 생겨난 그 모습을 아주 벗어날 수는 없다. 하지만 이 말은 딱 절반만 믿는 게 좋다.

똑같이 생긴 대로 살아도 자신의 '잘난 모습'을 보이며 살아야 한다는 얘기다. 누구에게나 잘난 얼굴과 못난 얼굴이 있기 마련이다. 어떤 얼굴을 보여주며 살 것인지는 결국 자신이 선택하는 것이다. 얼굴을 찌푸리고 매번 인상을 쓰며 살 것인지, 자신감 넘치는 당당한 얼굴로 살 것인지는 자신이 갖고 있는 성격의 어떤 면을 드러내고 살 것인지 택하는 문제와 같다.

누구에게나 분명 강점과 약점이 있다. 자신에게 주어진 능력을 즐기면서 살 것인지, 탓하며 살 것인지에 따라 삶은 완전히 달라질 것이다.

자신의 성격을 탓하지 말고 자신의 성격대로 즐겨라! 다만 타고난 성격이 보여주는 한 유형만 강조해서는 안 된다. 타고난 자신의 성격을 기본으로 9가지 유형의 힘을 적절하게 구사할 수 있는 유연성이야말로 주위 사람들과 조화를 이루고 함께 성장할 수 있는 해답이 될 것이다.

김팀장은 왜 나한테만 까칠할까

초판 1쇄 인쇄 2015년 3월 17일
초판 1쇄 발행 2015년 4월 1일

지은이 윤태익 | **펴낸이** 신경렬 | **펴낸곳** (주)더난콘텐츠그룹
기획편집부 남은영·허승·이성빈·이서하
디자인 김희연·박현정 | **마케팅** 홍영기·서영호 | **디지털콘텐츠** 민기범
관리 김태희·김이슬 | **제작** 유수경 | **물류** 박진철·윤기남
책임편집 이성빈 | **본문 일러스트** munge

출판등록 2011년 6월 2일 제25100-2011-158호 | **주소** 121-840 서울특별시 마포구 양화로 12길 16
전화 (02)325-2525 | **팩스** (02)325-9007
이메일 book@thenanbiz.com | **홈페이지** http://www.thenanbiz.com
ISBN 978-89-8405-804-0 03320

6750ᵉ